常春藤
传记馆

温儒敏／主

U0675979

科学与人学

钱学森 传

杨伟 著

长春出版社

全国百佳图书出版单位

图书在版编目（CIP）数据

科学与人学：钱学森传/杨伟著.—长春：长春
出版社，2017.7（2020.1重印）
（常春藤传记馆/温儒敏主编）
ISBN 978-7-5445-4945-5

Ⅰ.①科… Ⅱ.①杨… Ⅲ.①钱学森（1911-2009）
-传记 Ⅳ.①K826.16

中国版本图书馆 CIP 数据核字（2017）第180271号

科学与人学：钱学森传

著　　者　杨　伟
责任编辑　闫　言
封面设计　楠竹文化

出版发行　长春出版社
总 编 室　0431-88563443
市场营销　0431-88561180
网络营销　0431-88587345
地　　址　吉林省长春市长春大街309号
邮　　编　130041
网　　址　www.cccbs.net

制　　版　佳印图文
印　　刷　吉林吉达印刷有限公司

开　　本　787毫米×1092毫米　1/32
字　　数　111千字
印　　张　7.5
版　　次　2017年7月第1版
印　　次　2020年1月第5次印刷
定　　价　19.80元

版权所有　盗版必究
如有图书质量问题，请联系印厂调换　联系电话：0431-81373515

总　序

温儒敏

　　十多年前，我主持人民教育出版社高中语文教材的编写，其中选修课就专门设置有《中外传记选读》一种，我自己还动手编写了这本教材。因为受高考"指挥棒"影响，一般学校的选修课未必真能让学生自主选修，很多选修教材编出来都没有使用，但《中外传记选读》一直很受欢迎，每年都有重印。这让我对传记的阅读推广有了特别的关注。

　　我还注意到最近三四年高考语文试题命制的一种趋向，无论全国卷还是其他省市卷，阅读题往往都选传记作为材料。比如2016年全国卷的甲、乙、丙三个卷子，文言文阅读的材料全是传记，包括《明史·陈登云传》（甲卷）、《宋史·曾公亮传》（乙卷）和《明史·傅珪传》（丙卷）；现代文阅读的实用类文本也多用传记，节选了《吴文俊传》和《陈忠实传》。可见传记阅读越来越受到重视，考试也有意往这方面引导。

　　中小学语文教材也应当多选一些传记。现在

教育部正组织编写一套新的义务教育语文教科书，聘我担任总主编，这套新教材就选了不少名人传记，并鼓励学生多读传记。

为什么中小学生要多读传记？我曾在《中外传记选读》的前言中说过理由，这里不妨转述一下：

同学们都渴望能拥有健全、快乐和成功的人生，现在的学习阶段就在做准备，而且其本身就已经是你人生经历的一部分。我们该怎样设计自己的人生？当然最重要的还是学习。除了学习文化知识，还要从历史人物或者成功的人物身上学习宝贵的生活道理、人生哲学以及获取成功的途径。这就是励志教育，是人生教育中非常重要的部分。人都需要不断添加生活的动力，特别是在年轻的时候，要有偶像和楷模，有高远目标的激励。如同英国思想家培根所说过的："用伟人的事迹激励我们，远胜一切的教育。"让同学们从那些杰出的成功的人物身上吸取人生的经验，从前人多种人生道路的选择中寻找我们各自的"契合点"，这就是我们设立这门课的主要目的。

这里说的"设立这门课的主要目的"，其实

也是我们推出这套"常春藤传记馆"丛书的目的。

"常春藤传记馆"丛书由北京大学语文教育研究所组织编写，长春出版社出版。丛书每本10万字左右，其选目、内容和写法都是为中小学生"量身定制"的。我们希望这套丛书能作为基本图书进入中小学图书馆。和其他同类传记图书相比，"常春藤传记馆"丛书有四个特色：

一是传主覆盖范围广。包括中外古今各个领域的名人，涉及政治、军事、科学、实业、社会活动、文学、艺术、革命等领域。重点考虑有代表性的、在精神层面可以给学生激励的那些名人。

二是和课程教学有呼应。中小学除了语文，各个学科的教材和教学都会涉及中外古今各个领域的著名人物，选择主题首先考虑这一情况，选取学生有所接触又可能希望进一步了解的那些名人。这可以满足学生不同的兴趣爱好。

三是专门为中小学生编写。本套传记不是专业性强的评传，而是重在勾勒传主生平事业贡献的小传，内容和文字力求深入浅出，生动形象，有趣有味。阅读对象接受水平可以定位在初中程度，也可以稍高一点。特别是有些理科方面的传记，主要面对高中生。其实，小学生的课外阅读也要取法乎上，他们可以读这套为中等文化水平

总序

的读者设计的书。

　　四是内容安排上特别注重励志及健全的人格心理引导培养，在叙说传主生平事迹时，适当地自然地凸显这些方面的思考。

　　丛书取名"常春藤传记馆"，有特别的含义。"常春藤"是一种多年生常绿藤类灌木。美国哈佛大学等几所著名的私立大学，组成体育联盟，叫"常春藤盟校"，其起名是因为这些老校的校舍墙上常攀缘有常春藤。本丛书以"常春藤传记馆"作为标识，是虚拟的意象，可以联想到著名的学府，也可以联想到古代的书院，从而营造浓郁的阅读氛围和宁静的心境。另外，"常春"和"长春"同音，暗含这套丛书是由长春出版社出版的。

　　但愿广大师生喜欢这套书，也期盼大家提出批评建议，共同来经营好这套书，让"常春藤传记馆"更好地满足广大读者，特别是中小学生课外阅读的需求，满足语文教学的需求。

　　　　　　　　　　　2016 年 6 月 30 日济南历下

　　（温儒敏，山东大学一级教授，北京大学中文系教授，教育部聘义务教育语文教科书总主编）

目录
contents

第一章
人生之初

家学渊源

谈钱学森绕不开的是尊贵的钱氏家族。在风景旖旎的江南水乡，有一个声望极好的家族，他们是五代十国时江浙地区的吴越国国王钱镠的后代。钱镠是一位非常明智的国王。他在位时，实施了一系列有利于社会发展的政策，促进了杭州一带的经济发展，深得杭州一带人民的爱戴。如今，西湖边上的钱王祠，正是人们为纪念钱镠而建的。

钱镠为勉励后人写了《钱氏家训》。让我们来品一品它的味道。其首篇是"个人篇"：

> 心术不可得罪于天地，言行皆当无愧于圣贤。曾子之三省勿忘。程子之中箴宜佩。持躬不可不谨严。临财不可不廉介。处事不

可不决断。存心不可不宽厚。尽前行者地步窄，向后看者眼界宽。花繁柳密处拨得开，方见手段。风狂雨骤时立得定，才是脚跟。能改过则天地不怒，能安分则鬼神无权。读经传则根柢深，看史鉴则议论伟。能文章则称述多，蓄道德则福报厚。

以上告诉我们的是，要修炼个人的品德、言行、思想、内涵。天地之大，要行得端、立得正，要无愧于天地。我们应以圣贤为楷模，以一颗善良的心待人，以一颗勤奋的心督促自己。在做事方面，我们应把握分寸得当，遇事要沉着冷静。除此之外，我们还要多读史书，做到爱人爱己。

一个人的成功离不开后天家庭的教育。《钱氏家训》中的"家庭篇"字字珠玑，告诉了读者怎样创造一个美好的家庭：

欲造优美之家庭，须立良好之规则。内外六闾整洁，尊卑次序谨严。父母伯叔孝敬欢愉。妯娌弟兄和睦友爱。祖宗虽远，祭祀宜诚。子孙虽愚，诗书须读。娶媳求淑女，勿计妆奁。嫁女择佳婿，勿慕富贵。家富提携宗族，置义塾与公田，岁饥赈济亲朋，筹仁浆与义粟。勤俭为本，自必丰亨，忠厚传家，乃能长久。

我们读到的是，小小的家庭要有规则。在规则的约束以及美好道德的影响下，家庭才会和睦。待小家庭逐渐富裕起来，他们还要去帮助宗族里的其他人。莫贪图富贵，要勤俭持家。忠厚待人，忠诚为国……莫不是钱镠叮嘱后代要牢记在心的家庭美德。

此外，《钱氏家训》中还有"社会篇""国家篇"。其中，最朗朗上口的是讲大爱、博爱的句子，如"修桥路以利从行，造河船以济众渡""私见尽要铲除，公益概行提倡""上能吃苦一点，民沾万点之恩""利在一身勿谋也，利在天下者必谋之；利在一时固谋也，利在万世者更谋之""务本节用则国富；进贤使能则国强；兴学育才则国盛；交邻有道则国安"等。如今的社会发展，依然需要培养民众大爱、博爱的心胸。

一个家族的兴盛与这个家族的核心精神有非常紧密的联系。在《钱氏家训》的影响下，钱氏家族收获一片欣欣向荣。在这个家族里，出现了一大批政治家、文学家、科学家。当代有名的学者和科学家已是不胜枚举了，如钱钟书，他是我国现代著名的作家、文学研究家，著有《围城》《谈艺录》《写在人生边上》等作品。《围城》更是一部家喻户晓的文学经典，"结婚仿佛金漆的鸟笼，笼子外面的鸟想住进去，笼内的鸟想飞出来；所以结而离，离而结，没有了局"，人生万事莫不如是。再如钱玄同、钱穆、钱伟长、钱三强等。"钱氏家族不仅人才辈出，而且遍布世界五大洲。据统计，当代国内外仅科学院院士的钱氏名人就有100多位，分布于世界50多个国家。"[1] 在美国的有2008年度诺贝尔化学奖得主钱永健，他还是世界著名的科学家、空气动力学家、中国载人航天奠基人——钱学森的侄子。依此来看，钱学森家族是钱氏后人中很重要的一支。

杭州以茶与丝织品闻名全国，西湖龙井、杭州丝绸已经成为这个城市的标签。在这个城市里的钱学森的祖辈们一直在用心地经营丝产业，生意兴隆。钱学森的曾祖父是钱继祖，他有四子，除第四子过继给卢家外，其余三子分别叫钱承镕、钱承镒、钱承铎。他们三人名字中都有

---

①梁原草:《钱学森从这里走来》，北京:科学普及出版社，2014年版，第1页。

"承"字，这是为什么呢？原因就在于自钱继祖这一代开始，钱家便以"继承家学，永守箴规"取名，这也就是习俗中的按辈分取名。可是，就从"承"字辈开始，钱家的丝产业生意开始下滑，原因在于这一辈分的钱家后代开始向往仕途，从而疏于对丝产业的经营与管理，"开始转入仕途，家业经营交由大伙（相当于经理）管理，此人投靠钱士美丝行时，只有一个小包，最后钱士美丝行破产，而此人却家财万贯"。钱家貌似在由"兴"转向"衰"，其实不然。因为从这时开始，钱家在别的行业上的努力又令他们成了令人钦慕的佼佼者。他们只是换一种方式来光耀门楣！

他们在多个高深领域荣获斐然的成绩，钱家有教育家、神经生物学家、科学家、化学家等。比如，"家"字辈的钱家治（钱学森之父），字均夫，是著名的教育家。在"学"字辈的成员中，钱学榘是著名的空气动力学专家，钱学森是闻名世界的科学家。带"学"字的还有钱学梁等。"学"字辈成员名字中的最后一个字都带"木"，这自然别有用意。在钱均夫想来，他要给儿子取名"森"，正是希冀繁茂、葱郁之意。"学森"的谐音是"学深"，这正寄予了钱均夫对钱学森的深切厚望。在带"永"字的成员里，钱永健是诺贝尔化学奖得主；钱永佑是神经生物学家、美国科学院院士、斯坦福大学教授，等等。

在钱氏家族中，钱学森在世界的知名度以及他对中国做出的巨大贡献是有目共睹的。钱学森是钱均夫的独子。我们先从钱均夫开始谈起。

钱均夫是钱镠的第 32 世孙，是钱学森的父亲。他是近代有名的教育家，经历了时代的风云变幻，生于近代，成长于现代，卒于当代。他曾接受新式的教育，大学就读于浙江大学的前身——杭州求是书院。这所学校由浙江巡抚廖寿丰、杭州知府林启等人创办，成立于 1897 年。它的办学宗旨是"居今日而育才，以讲求实学为第一义；居今日而图治，以培养人才为第一义"，即它以求实、创新为目标，实行新式教育。钱均夫他们在学校里上英文、日文等新式西学课，以及外教所开的一些课程。更重要的是他们有机会出国留学。钱均夫于 1902 年与许寿裳、厉绥之等人一同到日本留学，学习教育学、地理学和历史。至 1908 年冬，钱均夫回国，在浙江两级师范学堂任史地科主任教员，开始了他的教育事业。

钱均夫与和他同去日本的几个人结下了深厚

的友谊。在日本学习日语时，钱均夫、许寿裳遇到了鲁迅。他们三人志同道合、相见恨晚，便开始了他们的友谊之路。日本著名作家夏目漱石的房子，后来被他们称为"伍舍"的地方留存了他们的欢声笑语与对人生的思考。那是1908年鲁迅到东京改学医为学文之后，钱均夫也将近毕业归国，他们三人租住在"伍舍"的那段有欢声笑语又有对时局的愤慨，情绪激昂的时光。

回国后，钱均夫、许寿裳和鲁迅三人又同在浙江两级师范学堂任教。之后，许寿裳应蔡元培之邀，任当时南京"中华民国"教育部普通教育司第一科科长。鲁迅任教育部部员。钱均夫出任浙江省立第一中学校长。1912年5月教育部迁往北京，许寿裳与鲁迅也因此去北京工作。之后，许寿裳向教育部举荐钱均夫任北洋政府教育部视学。这样他们三人又聚在了一起。无论是在求学之路还是在早期工作的频繁转换中，他们三人基本是一种共进退的状态。

厉绥之在日本学习的是医学，他学成归国后成为我国第一代西医。厉绥之与钱均夫有深厚的友谊，于是，他逐渐扮演起了钱均夫家的"私人医生"的角色。后来钱学森上大学期间得的病，便是他治好的。

钱均夫从日本留学归来后，便与章兰娟结婚，住在杭州方谷园 2 号。他们的这个家是章兰娟的嫁妆。钱均夫后来在上海愚园路 1032 弄（岐山村）111 号的住所，也是章家的产业。章兰娟的父亲章子珍曾是两广盐运使，后来回杭州经营丝产业，生意红火，十分富足。但是这时钱均夫家里的经济状况已经有些紧张了，钱家的一幢楼房也被变卖给了其他人，所以章兰娟嫁给钱均夫的时候，章子珍就将方谷园 2 号给了他们。

那为何章子珍会同意自己的女儿嫁给比自己家庭条件差的钱均夫呢？这是因为钱均夫的才华让章子珍十分欣赏。一次，钱均夫在学校礼堂演讲，主要讲"新文化运动"。他讲得激情澎湃，台下的听众直赞钱均夫的学识渊博。当时章子珍也是钱均夫的听众。章子珍听着钱均夫的话，心里觉得这是个难得的人才，他也就此认定钱均夫为自己的女婿。

1911 年 12 月 11 日，钱均夫夫妇的第一个孩子钱学森出生了。因为这时钱均夫正在上海创办"劝学堂"，所以章兰娟也跟随他在上海。这样，钱学森便出生在上海。但是这不久之后，钱均夫他们回到了杭州，所以杭州成为钱学森第一个生活的地方。他们一家三口在这里过着安然、幸福的生活。钱均夫每天早晨起来吃完佣人做的早餐，再逗一逗钱学森就去工作，章兰娟则在家里照顾钱学森。章兰娟虽为富家小姐，但是性格温婉，十分贤惠，乐于在家相夫教子。随着钱学森慢慢长大，她还带他玩游戏，教他学说话和背一些简单的唐诗，等等。学校的工作是很繁忙的，钱均夫不但要给学生们上课，还要处理一些行政事务，因此他下班回来得比较晚。尽管如此，对他来说，每天回家看到妻子和儿子，就感觉无比温馨、幸福，这俨然是极其幸福的画面。

钱学森出生于辛亥革命那一年。后来袁世凯窃取辛亥革命的果实，政局在动荡中前进。钱学森就在这样的环境中逐渐长大，一家人的富足、安然的生活也被外界敲打着。1914 年钱均夫因为工作调动前往北京，钱学森一家人也由此开始了在北京的生活。即使是在动荡的环境中，钱均夫与章兰娟也尽力让钱学森得到很好的教育。

第一导师

各个领域中取得卓越成就的文学家、科学

家、艺术家等，莫不是我们眼中的天才，比如安徒生、牛顿、达·芬奇等。他们既有一定的天赋，又经历了后天不懈地努力。钱学森同样如此。从钱学森身上，我们可以看到正确的培养模式、天赋加上个人的辛苦努力，便可能成为一个优秀的人。

钱学森受过良好的家庭教育。其父钱均夫是一位教育家，他懂得教育的重要性，更懂得如何去引导孩子。

1929年，钱均夫被召回，任督学一职，并代理浙江省教育厅厅长之职。直到1934年，他才退休。

在任职期间，钱均夫主要负责中小学事宜，并十分重视中小学教育。他是一位拥有爱国热忱的人士，在他心里，对学生的教育，乃至对民众的教育是振兴中华的一项关键措施。于是，他大力发展民众教育、师范教育等，关注农村教育，提议发展农村人才。开设乡镇小学又是他实施教育政策的另一方面。并且，他在一系列的课程设置中，加入了培养民族自信心与爱国心的教育。他十分爱护青年。在一些事件面前，他总会把学生们的利益放在前面。不但如此，他还注重培养他们不怕吃苦的品质。他建议大点儿的学生可以送去军队进行军事训练。除中小学教育外，钱均夫十分重视儿童及其教育。他认为，中国家庭的教育一方面依赖学校，另一方面家庭本身起的作用也很大。正因为他熟知这些，所以他为钱学森设计了一套极为有效的教育模式。钱均夫从事教育工作的经历成为他对钱学森培养的助推剂。

在钱均夫的骨子里，流淌着爱国的血液，自然，在对钱学森的教育中，钱均夫让孩子从小就懂得要热爱自己祖国的道理。他还经常告诉钱学森技术可以强国，这也成为钱学森人生的向导。当钱学森读大学选专业的时候，他正是牢记父亲的教诲，选择了对祖国发展很有帮助的机械工程专业。之后他放弃美国的优越生活毅然回国，甚至更无私地贡献自己的知识和力量研制导弹，这无不是他一颗赤诚之心的体现。钱学森对祖国深沉的爱，与钱均夫的影响不无关系。

作为教育家的钱均夫深深懂得家庭教育的重要性，于是他告诉妻子要一起好好培养钱学森。在家中，钱均夫对儿子是十分严格的。钱学森被要求按时起床、睡觉；还要每天按时按规范完成作业；衣帽穿戴整洁；家里的东西放置要有序，等等。这促使钱学森养成严谨的作风。

钱均夫接受的是新式教育，他对钱学森的教育自然也是新式的、现代的。钱均夫从儿子的幼儿园教育开始，就给儿子选择了一条很好的求学之路。钱学森在 3 岁时跟随父母去了北京。在北京，他按照钱均夫的意愿，进入蒙养院（即幼儿园）。小学时，他就读于当时的国立北京女子高等师范学校附属小学（今北京市第二实验小学）和北京高等师范学校附属小学校（今北京第一实验小学）。初中和高中都就读于当时的国立北京师范大学附属中学（今北京师范大学附属中学）。大学他考入当时上海的国立交通大学。现在看来，这样一条求学路看似很普通，但是在 90 年前，这已经非常现代化了。

钱学森所就读的学校很有名气，他也非常刻苦、勤奋。他总是如饥似渴地学习各种知识，这一直持续到他的博士求学阶段。

难道钱学森的生活里只有读书么？答案当然是否定的。钱均夫与章兰娟还经常带着钱学森在北京城里逛街，给钱学森买多种多样的玩具，让儿子拥有快乐的童年。

北京的春日，微风和煦，阳光灿烂。这时，

钱均夫总会在忙碌中找出时间带着妻子和孩子去北京郊区的农村，或者香山、西山去郊游。他们带钱学森感受自然的美，让他看这自然界的大地、天空、动植物。每次去郊游的时候，钱学森都会问他们好多问题，钱均夫总会耐心地回答。钱均夫也总会告诉钱学森，要记得我们祖国的每一寸土地，好好爱我们的土地与我们的国家。

钱均夫总是能够"因材施教"。钱学森很喜欢画画，并且他画的画活灵活现，十分讨人喜欢。钱均夫发现后，就给钱学森买了各种美术用具，并鼓励儿子要努力成为一名画家。后来，钱学森在交大生病休学期间，钱均夫还请画家专门教钱学森画画。钱学森在父亲的培养下，发展了多方面的兴趣与爱好。

钱学森的成长当然也离不开母亲章兰娟的培养。钱学森在回忆影响他的 17 个人中，第一个是父亲钱均夫，第二个便是母亲章兰娟。他们是钱学森获得真善美的第一导师。父亲带他走进知识的海洋，母亲则让他看到这个世界的善良与美好。母亲对钱学森的教育来自于她对钱学森平时潜移默化的影响。钱学森曾说，"我的母亲是个感情丰富、纯朴而善良的女性，而且是个通过自己的模范行为引导孩子行善事的母亲。母亲每逢带我走在北京大街上，总是向着乞讨的行人解囊相助，对家中的仆人也总是仁厚相传"。钱学森受母亲善良的影响，对待身边的人很友善。章兰娟除了善良之外，还很聪明，擅长心算。在平时，她总是教钱学森心算，培养钱学森的数学能力。母亲不像父亲那样严格，但是钱学森还是很自觉地读书、画画、练习书法，这让母亲很感动也很欣慰。唯一遗憾的是，章兰娟在陪钱学森走过他的大学生涯后，便离开了人世。善良的章兰娟造就了钱学森一生待人友好的品质。

学海泛舟

钱均夫于1914年调往北京教育部工作，年仅3岁的钱学森也随父母来到了这里，从此他便在这座城市里读完了他的蒙养院、小学、中学、高中。

3岁的钱学森，在蒙养院里学修身、行仪、读方、数方、手技、乐歌、游戏。他十分聪明，一学就会。只是这时的他还很贪玩、调皮。他快乐地成长着。

等到6岁（1917年）时，钱学森开始读小学。这时的他，愈发聪明。他就读于当时的国立北京女子高等师范学校附属小学。钱学森在班里不但听老师们的话，而且学习很用功，成绩也很好，深受老师们的喜爱。他还喜欢体育活动，经常与小朋友们一起玩游戏。有一次他和同学们玩扔飞镖的游戏，每次都是他扔得最远。这引起了大家的质疑。同学们都觉得他的飞镖肯定很特殊，否则它不会每次都飞那么远。于是，大家就去检查他的飞镖。但是，检查之后发现同学们的飞镖都一样，这让大家很不解。这时，小小的钱学森向大家解释："飞镖要折得有棱有角，这样投起来空气的阻力最小。"原来是这样！幼小的钱学森已经开始动脑思考"空气动力学"了！他边玩边学，在快乐的玩耍中还能获得开启智慧的钥匙，这让老师和同学都对他赞叹不已。老师经常告诉他们，大家要学习钱学森爱思考、爱动脑的好习惯。

三年的初小（小学一至三年级）时光一晃而过，钱学森紧接着在北京高等师范学校附属小学校读高小（小学四至六年级）。这所学校的前身是京师大学堂师范馆，1912 年陈宝泉任校长，将其改为北京高等师范学校，并在 7 月设立了附属小学与中学。校长陈宝泉是近代著名的教育家，

第一章 人生之初

他具有先进的思想，为高师附小拟定的办学目标为"吸纳世界最新学理加以实验，为全国小学改进之先导。既为实验，须敢为前人所不为之事，创前人所未创之先"。在这样一所学校里，钱学森接受着新式的、全面的知识。

这时，他还很喜欢书法课。当时教他们书法课的是班主任（那时称级主任）于士俭先生。于老师为人热心，还很耐心。在课上，学生们可以根据自己的喜好，买来颜真卿、柳公权、欧阳修等人的字帖，认真地临摹。于老师看到有的同学写得不好时，就很和蔼地告诉学生们要用心写，并且还会坐下来一笔一画地教学生怎么写。这样一幅老师认真教学生写字的画面，深深地感动了钱学森。他想老师这么和蔼可亲，字还写得那么好，所以打心底里喜欢、佩服于老师。他还想原来字可以写那么好，他也要好好练书法，写一手好字。他认真练字，还会请老师看看他写得怎样。

钱学森读高师附小时，邓颖超也在这里任教。多年之后，钱学森才得知这件事。尽管邓颖超当时没有教过钱学森，但是后来他一直称邓颖超为"邓老师"，并且十分尊重邓老师。1984年，中国科协主席周培源任期将满，大家提名钱学森，可是钱学森不愿意"当官"，就一再推托。后来邓颖超说："这好办，我告诉政协机关，叫他们平时不找你的麻烦。"这才说服了钱学森。当钱学森80岁时，他获得了"国家杰出贡献科学家"的荣誉称号，87岁的邓颖超还专门写信祝贺他：

> 钱学森同志：
>
> 　今天从报纸上新闻报道中得知你荣获"国家杰出贡献科学家"荣誉称号和一级英雄模范奖章的消息，我非常高兴，向你表示祝贺。
>
> 　党和国家为了表彰你在科学事业上的伟大功绩，给予崇高的荣誉，你是受之无愧的。这不仅是你个人的荣誉，也是全体科学工作者的荣誉，因为，你是中青年科学工作者的前辈和老师，给他们树立了榜样。我为中国有你这样的科学家而自豪！
>
> 　祝你健康长寿！
>
> 邓颖超
> 1991年10月17日

时光匆匆而过，钱学森在1923年已经成为一名中学生。这一年的暑假后，他升入当时的国立北京师范大学附属中学（今北京师范大学附属中学）。这所学校实行三三制，即三年初级中学与三年高级中学。这是钱学森当时赶上的新式学制——"六三三"学制（六年小学，三年初中，三年高中）。

这时的课程开始加重。读初级时，钱学森要修公民科、国文、英文、算学、历史、地理、理科、图画手工、体育、童子军训练、乐歌、家事等科目。虽然科目很多，但是钱学森并不觉得辛苦，因为这些科目，他基本都喜欢，因此他的读书生活反而很快乐。

等到读高级时，他开始步入理科的学习。当时高级中学分普通科与职业科，普通科分为第一及第二两部，即文科和理科。钱学森选的是高级中学的第二部（理科）。这时候，他觉得功课的难度上升，学习的课程也更多了。课程有大代数、解析几何、微积分、非欧几里得几何；物理学（用美国当时的大学一年级课本）；无机化学、有机化学、工业化学；英语、德语；伦理学等。但钱学森丝毫不觉得累，他每天下午下课后还去操场踢一阵球，思想上没有压力，自然能够开心地玩，也能够专心地学。而且"学生临考是不作准备的，从不因为明天要考什么而加班背诵课本。大家都重在理解不在记忆。考试结果，一般学生都是七十多分，优秀学生八十多分"[①]。这时的钱学森依然用功学习，成绩名列前茅。

这种不死读书、真正理解知识，培养学生多方面兴趣的学习方法，正是校长林砺儒所提倡的。在林砺儒任校长的 10 年里，北京师大附中培养出了一批如钱学森、张岱年、李健吾、林庚等的著名人士。钱学森在师大附中读书时，一直跟随林砺儒学习伦理学。林砺儒是不轻易收学生的，即便钱均夫带着钱学森来登门拜访依然如此。林砺儒告诉钱均夫，钱学森需要先做一套试卷，如果合格就收他。结果钱学森看完试卷后，心想这也不难嘛，很快便做完了，随即出去玩耍。钱均夫和林砺儒一边喝茶聊天一边等钱学森。当钱均夫起身去看钱学森时，发现只有试卷，钱学森在外面玩得正开心，他十分生气。林砺儒拿起卷子看，还没看完，就笑着对钱均夫

①钱学森：《关于思维科学》，上海：上海人民出版社，1986年版，第 452 页。

说："这孩子我收了！"之后林砺儒给钱学森讲《伦理学要领》，启发他的道德修养，帮助他树立正确的人生观。钱学森说："林砺儒先生是我尊敬的老师，我也非常感激他自己和他主持的北京师范大学附属中学给我的教育。这是一辈子忘不了的。"[1]

教钱学森几何的是傅仲孙老师。这位老师十分有趣，他自己用古汉语编几何讲义！他上课时还拉着腔调，特别有味道！傅老师上课时说他讲的是公理，公理是需要承认的，在中国是如此，全世界也是如此，就是到了火星，它也是如此。

傅老师的话，钱学森谨记在心，科学一定要严谨，该是什么就是什么！

钱学森快乐地学习着！教生物学的俞君适老师经常带钱学森他们去野外采集标本，他会让他们采集比如青蛙、蛇之类的动物做标本。在野外寻找动物、植物的过程是十分愉快而又十分惊悚的，但是这又锻炼了孩子们的动手能力以及胆量。

---

①涂元季：《钱学森书信》，北京：国防工业出版社，2007年版，第52页。

这时的钱学森还很喜欢化学实验室，因为在这里，他可以被允许自由地做实验，这为他日后进行科学实验打下了基础。

钱学森从小就喜欢画画，在这里，他居然能跟着国画大师高希舜老师学习，他实在是太高兴了！暑假他在高老师开的美术班里，认真听老师讲画画技巧，听完自己就用心地画。他的画还得到了高老师的表扬，被视为优秀习作。钱学森高兴地把画拿回家给父母看。父母看到儿子确实画得很不错，很开心，就把画裱起来挂在墙上。

对钱学森来说，这时比快乐更重要的是他逐渐懂得了一些大道理，他开始思考国家、民族生存的问题。这源于教国文的董鲁安老师的影响。董老师教学生们文言写作课。他在课上还经常讨论时事，教育学生要热爱我们的祖国。在董老师潜移默化的影响下，钱学森开始关注国家的生存问题。

在读初三时，钱学森便开始自主地学习，经常去图书馆借书。那是因为一次餐后，一位同学问钱学森他们知不知道爱因斯坦和列宁。钱学森和大家一样摇头，然后那位同学就告诉他们爱因斯坦是位科学家，列宁是位革命家。钱学森听完后，觉得那位同学懂的真多，要向那位同学学习，于是，他就去图书馆借爱因斯坦的《相对论》来看。这之后，钱学森便经常去图书馆借书。

钱学森对北京师大附中的感情是极深的，他在这里受到了多个学科老师的教育与鼓励，掌握了多方面的知识。钱学森曾说："20 世纪 20 年代的北京师范大学附属中学有个特别优良的学习环境，我就是在那里度过了六年，这是我一辈子忘不了的六年。"① 钱学森的中学教育对他之后的研究影响很深，"我附中毕业后，到交通大学学习，第一年觉得大学功课没有什么，因为我在中学都学过了。交大四年实际上就学了两年，考上公费留学美国，是靠附中打下的基础"②。中学教育是十分重要的，中学的时光也是既短暂又美好的，我们要好好利用与珍惜它。

梦想远方

很快地，钱学森已经成年，18 岁的他马上要读大学了。在填报大学志愿这一问题上，他的父

---

① 钱学森：《北京附中的六年》，《光明日报》，2007 年 12 月 3 日版。
② 同上。

母亲意见并不一致。章兰娟希望孩子可以继承父业从事教育，钱均夫则希望他实业救国。在听完父母的建议后，钱学森仿佛已经有了自己的决定。之后，他便找到国文老师董鲁安、数学老师傅仲孙，希望他们给些建议。自然，老师们给的仍是与他们所教专业类似的建议。经过几天的左思右想，钱学森跟父母说，他决定报考以实业兴国为宗旨的交通大学，原因是铁路交通是交大的重点科目，他希望自己学习这门技术，将来可以报效祖国。钱均夫夫妇听完后，十分欣慰地笑了。

就这样，钱学森由北京来到上海求学。1929年，他以第三的优异成绩（总分396分）考上了当时的国立上海交通大学的机械工程系，他的注册号是469。当时考试成绩第一的是钱钟韩（工程热物理和自动化专家），第二的是俞调梅（后为同济大学教授，武汉长江大桥、上海宝山钢铁厂顾问）。第三名的钱学森在日后的成就并不逊色于他们。

国立上海交通大学是一所十分美丽的学校。它的宿舍楼是欧式的，被称为"执信西斋"（交大最好的学生宿舍）。它是为纪念孙中山先生的追随者、早期资产阶级民主革命战士朱执信而起名叫"执信西斋"的。这座宿舍楼一共有 152 个房间，可是只能先让高年级的学生入住，钱学森只是在大四住进去了一年。除了建筑是欧式的，它的课程也是欧式的，它效仿的是麻省理工学院、哈佛大学的课程。这为日后钱学森前往麻省理工学院读书奠定了基础。

大学一年级时，钱学森的成绩不是很好。钱学森的大一生活是十分轻松而又惬意的。他听多门课程，去自习室学习，参加课外活动，还与朋友们一起聊天、玩耍。可是，大一考试后，他才发现同学们都很注重高分数。原本不追求高分的钱学森，这次考试的分数自然不高。他的同学们分成了"北京派"与"扬州派"，他们要比赛，看哪一派的成绩高。作为"北京派"的钱学森自然也被期望拿好成绩为他们争光，于是，大一之后，他便暗暗下决心一定要取得好成绩。

正如他所想的那样，自此之后，他的成绩在交大一直很优秀。大三第一学期（1932 年），钱学森的成绩除热力工程、机械原理、工程经济为第二名，金工实习是第三名外，其他科目的成绩以及平均成绩（90.44 分）都为第一，他还获得免本学期学费的奖励。1933 年 4 月，钱学森同样获得免本学期学费的奖励。同年 10 月，钱学森获得奖学金。1934 年毕业时，他以平均分 89.10 分的成绩荣获机械工程学院第一名，获得学绩优良奖品、"老山德培奖学金"。校长黎照寰为他颁发"国立交通大学奖状"："兹有机械工程学院四年级学生钱学森于本学年内潜心研攻，学有专长，本校长深为嘉许，特给此状以示奖励。"

钱学森之所以能获得如此优异的成绩，这与他的天赋、辛苦努力分不开，但是他更感谢的是老师们的培养。这时期老师们的教学严谨，要求高，让他学到不少知识，尤其是讲授热力工程与机械实验课程的陈石英老师和讲电机工程的钟兆琳老师。陈石英老师讲课既严肃认真又结合实际，这让钱学森受益匪浅。此外，陈石英老师还很让钱学森感动。这是为什么呢？原来陈老师看到钱学森成绩优异，怕他会自满，所以一次考试时，就把钱学森满分的试卷改成 99 分。钱学森得知后非常感谢陈老师的良苦用心。

这是老师把他的分数降低的故事，除了这，还有一次是他自己主动要求降分的。这又是怎么回事呢？那是他读大三时的事情。他参加金悫教授的水力学考试，金老师阅完试卷就发给学生们，让他们自己先看看错在哪里。钱学森的试卷是份满分试卷，但是他看试卷时，发现他把"Ns"写成了"N"，可是金老师阅卷时并没有发现。钱学森立刻去找金老师，告诉老师他的分数有问题，最后金老师给他96分。金老师很欣赏钱学森的诚实，便把这份试卷保留了下来，直至1980年钱学森回交大时，金老师才把这份珍贵的文献找出来，交给学校。

这时，学习任务虽然很繁重，但是钱学森仍旧没有放下他对音乐的喜爱。钱学森在北师大附中时就经常欣赏贝多芬的《第九交响曲》，大学时代，他还学会几样新玩意儿。1931年9月，他学会了吹奏中音号。读大学的钱学森已经有自己独立判断是非的能力了。他十分反感每周一早上的校长训话。为了不去听训话，他接受同学们的建议，加入了学校的铜管乐队。不管是学习知识还是艺术，钱学森都十分认真。他每天都会拿出时间来练习中音号。很快，他便掌握了要领，跟大家一起参加学校的各种演出。同样地，他还学会了演奏次中音号、口琴，等等。

钱学森对音乐的喜爱，付出了不少"代价"。因为他喜欢听价格不菲的交响乐，经常会花很多钱买外国唱片。在上海读书的钱学森，既不喜欢追逐新潮，也不怎么出去逛街，但是他很喜欢去上海大剧院听昂贵的交响乐。为此，他总是省下些平时的生活费，还要从学校徒步去剧院。为了欣赏外国唱片，他不惜拿着毕业的奖学金去买外国唱片，他高高兴兴地买回来后，还不忘与好朋友们一起欣赏。他对乐器、音乐的喜爱成为之后他与夫人蒋英愉快生活的因素之一。

钱学森在交大即将读大二的暑假里得了伤寒，因此休学一年。当时因为一些治疗伤寒的西药，如青霉素还没有传入我国，所以他的病没有被很好地治疗。钱均夫和章兰娟看着生病难受的孩子，思来想去，决定还是用中医治疗，这样就请了好友厉绥之过来医治。神奇的是，在连吃三个月厉绥之给的中医偏方（每天吃三顿豆腐乳卤加稀饭）后，钱学森居然痊愈了！但是，他的身体仍然需要一段时间进行恢复，这样钱学森就在家休学一年。

钱学森在家养病期间，钱均夫还嘱咐他不能浪费太多时间，要多看些书。钱学森正是这样做的。他看匈牙利社会科学家用唯物史观写艺术史的书，读普列汉诺夫的《艺术论》、布哈林的

《辩证法底唯物论》、西洋哲学史方面的书，还有胡适的《中国哲学史大纲》（上册）。这些书的阅读使他对唯物论、科学社会主义有了更多了解。除了读书，钱均夫夫妇还经常陪钱学森去西湖漫步，让他在那里感受山水之美，作山水国画。钱学森还经常去父亲的书房跟父亲谈天说地，有时也会问父亲哪些书值得看。一次，钱均夫思考片刻，给儿子推荐了《梅花岭记》这部作品。他希望儿子多了解些历史，通过历史来看现实。钱均夫还带着儿子去杭州拜谒岳王庙、岳飞墓，这让钱学森的情绪高昂，他十分敬佩岳飞精忠报国的民族气节。

钱学森大学毕业之后，没有立即找工作，因为他心系远方，准备出国留学。就这样，他在1934年8月参加了清华大学"庚子赔款"留美公费生考试。1900年（庚子年），义和团杀入北京，并杀死德国公使克林德，这引起八国联军侵华，使得清政府在1901年签订丧权辱国的《辛丑条约》。条约规定中国向14国赔偿白银4.5亿两，分39年还清，这就是"庚子赔款"。美国政府于1904年把"庚子赔款"中超出美国实际损失部分的钱退还给了中国，退还的方式是美国帮助中国创办清华学堂，并且资助中国学生留学美国。所以想要留美的学生，必须先去清华大学进行考试。

本年度的考试是在南京中央大学举行的，考试科目有物理、微积分、热力学、机械工程、中文、英文、第二外语。也许是因为紧张的缘故，钱学森这次的考试成绩并不理想，他的数学竟然没有及格！但是他的航空工程科目取得了87分的高分。钱学森看到成绩后，以为留美的梦想破灭了，谁知，事情又奇迹般地出现转折。这多亏当时叶企孙老师的帮助。叶企孙是清华大学理学院院长兼物理系主任，负责清华大学留美公费生事宜。当叶老师看到钱学森87分的高分后，心情很激动，他慧眼识珠，决定破格录取钱学森。10月2日，"国立清华大学考选留美公费生揭晓通告"中公示"航空门（机架组）一名钱学森"。钱学森的人生追求如此多变而又如此成功。现在的他由铁道门转向航空门！

当时国内并没有航空工程专业，考上这个专业的留美学生需要在清华大学航空工程组教授们的指导下补修一年才能出国。于是，叶企孙为钱学森请了王士倬、钱昌祚、王助三位导师对他进行指导。

王士倬是清华大学航空工程专业的教授，曾在麻省理工学院攻读硕士。他见到钱学森后，十分开心，给钱学森讲了许多航空知识，还带着钱学森参观他主持的风洞实验室。钱学森看后，心情异常激动，他接触到了世界先进水平的航空技术！

另一位导师王助，设计了第一架波音飞机，被誉为"波音之父"。他也曾获麻省理工学院航空硕士，设计制造了我国第一代飞机。当时王助担任杭州飞机制造厂的第一任监理，钱学森来这里实习，他不仅能够看到飞机，而且还能对飞机各部分进行观察、了解，学习飞机每一机件的功用，飞机的制造程序，等等。王助还亲自教他如何设计飞机和怎样写报告等。在这里，钱学森真的是大开眼界，收获颇丰。

钱学森还去了南京、南昌的机场和修理厂实习。在南昌飞机修理厂，让他惊喜的是，他见到了美国制造的"寇蒂斯"飞机，还拜见了钱昌祚导师。钱昌祚长期从事我国航空事业的人才培养，基于此，他给钱学森安排了去不同机场见习的机会。

经过实习，钱学森对航空工程有了一定的了解，于是，他便想小试身手，1935年1月，他在航空委员会编辑的《航空杂志》上发表了《气船与飞机之比较及气船将来发展之途径》。7月，《浙江青年》第1卷第9期刊出钱学森的《火箭》一文，此文介绍火箭的原理、性能、用途、构造，表现了钱学森对速度的极大兴趣，以及对天空的向往。"现在又是天空的时代了……我们征服天空了！""你在一个晴朗的夏夜，望着繁密的闪闪群星，有一种可望而不可即的失望吧。我们真的如此可怜吗？不，决不！我们必须征服宇宙。"这时的钱学森年仅24岁，从这时候开始，他便怀揣着一颗征服宇宙的心。这是他的梦，梦中他不再仰望星空，而是双手可以触及美丽的苍穹。正因为有这样的梦，所以他一直在为此努力。最终，他的梦，圆了。

钱学森开始做留美的准备。他先在7月份去天津办理前往美国留学的护照，办好之后，他便向亲人、老师、朋友辞行。他的导师王士倬深情地告诉他无论走到哪里都要热爱祖国、热爱中华民族。董鲁安老师看到自己的学生这么有出息，十分骄傲，给钱学森包了顿饺子。现在吃一顿饺子多么容易，而那时董老师哪有什么经济能力来吃饺子，他只能给钱学森自己包一盘饺子！吃完饭，董老师拿出几个丧权辱国的条约给钱学森看。董老师意味犹深地告诉钱学森要为中华民族争气，边说边看这些条约流泪。儿子要出国留学，钱均夫当然高兴，他要为儿子准备礼物。思来想去，他准备了一套传统文化的书，让《老子》《墨子》《庄子》《孟子》《论语》伴随着孩子，让它们提醒孩子不能忘记祖国。朋友与亲人们说，"学森兄，祖国待君"；"森弟……赴美，以求深造，攻航空学。他日学成归来，于祖国防空政策，自必有伟大之贡献也"；"数年来屡闻人言森乃一不可限量者……将来学成归国后于吾国航空事业自必有所建设也"……钱学森深深地懂得父亲，以及亲友、老师们的嘱托。他临行前跟同学说："现在中国政局混乱，豺狼当道，我到美国去学技术是暂时的，学成之后，一定回来为祖国效力。"就这样，他的心里沉甸甸的……

　　钱学森留学美国之前，最令他伤心的莫过于母亲的去世。1935年夏天，钱学森的母亲章兰娟因患伤寒去世，这让钱学森悲痛不已。他多么希望母亲能在自己出国那天送送自己，又多渴望母亲能看到他学成归来的那一天……章兰娟的离去让原本幸福无比的家变得很冷清。钱学森在想自己出国后父亲该怎么生活，于是，他们与佣人钱月华商量决定，钱均夫认钱月华为干女儿，由她照顾钱均夫的生活起居。这样，钱学森放心地出国留学了。

钱学森于 1935 年 8 月初，从上海黄浦江码头坐"杰克逊总统号"邮轮离开。邮轮要开动了，钱学森与钱均夫依依不舍。钱均夫缓缓从衣袋里取出一张纸条，递给钱学森。"人，生当有品：如哲、如仁、如义、如智、如忠、如悌、如教！吾儿此次西行，非其宿志，当青春然而归，灿烂然而返！乃父告之。"钱学森看完后，不禁潸然泪下。他请父亲放心，他一定会记着父亲的教诲，一定会努力学习，为父亲争光，为祖国争气！就这样，他带着亲人、朋友、老师们的殷殷期待踏上了异国他乡的求学路……

邮轮开了……谁知这一走就是 12 个年头……

第二章

在美经年

崭露头角

在"杰克逊总统号"邮轮上，有 21 名来自清华大学的留美学生，他们西装革履，朝气蓬勃，意气风发！其中有 10 名学生是应届公费留学生（包括钱学森在内）：地政行政门曾炳钧、国势清资统计门戴世光、历史学门杨绍震、水利及水电门徐芝纶、造纸工业门时钧、人口问题门赵铸、劳工问题门黄开禄、成本会计门宋作楠、油类工业门孙令衔、航空门钱学森。剩下赴美的学生有谢兆芬、雷光翰、赵夔、陈允徵、邱中文、朱民声、卓牟来、朱宝镇、祝新民、柳无垢、周蕙允。他们在邮轮上一同畅想未知的求学生活，规划将来的生活。那时候，钱学森每每面对苍茫无边的大洋时，心里不免频频泛起漂泊的愁滋味。他对自己说要去学习世界上最先进的技术，为国争光，以后还会回来的！就这样，度过了将近一个月的船上生活，他们马上要到达目的地了。这时，他们中有人提议一起合影留念，大家纷纷响应，于是就在9月3日那天，他们一起拍下了珍贵的照片。

自此，他们便踏上了美国的土地，开始了在异国他乡的求学之路。

钱学森自西向东经过西雅图、芝加哥，到达波士顿的坎布里奇市。这里不仅环境优美，而且还有世界著名学府——麻省理工学院与哈佛大学。一所是世界理工大学之最，一所是文学艺术的天堂，擅长理工的钱学森，自然选择的是麻省理工学院。来到学校，作为游子的他，深深被这里的美丽吸引了。当他望着学校里步履匆匆的学生们的背影时，有一个声音告诉他要在这里出人头地。于是，他调整状态，很快适应新生活，集中精力看书、学习。

刚到麻省理工学院时，老师和同学看到他这个中国人后，抱有这样一个疑问：这个个子不高，黑头发，黄皮肤的中国人能学会我们先进的知识吗？钱学森带着极强的民族自尊心与自信心在这里学习。他要证明中国人是优秀的，他首先要做的就是取得优异的成绩。他迅速地攻克英语与生活习惯的难关后，选修了六门课程。他本来就十分勤奋好学，爱钻研，喜思考，在这里，他更是勤奋、用功。在麻省理工学院求学期间，他的学习成绩一直很优秀，这让老师及同学都赞叹不已。

尽管如此，美国同学还是看不起中国学生，他们嘲笑中国的落后。有一次一个同学当着钱学森的面说："你们中国男人抽鸦片，女人裹小脚，你们国家又脏又穷，你们国家的人很愚昧无知。"这深深刺痛了钱学森，他愤怒地跟那位同学说："我们中国现在是比你们美国落后，但是作为个人，我们人比人，你们谁敢和我比试？到学期末了，看谁的成绩好！"那位美国同学听后，立刻不再说话。

钱学森不愿意国人被看不起，他以百分百的努力证明我们中国人是十分了不起的！

有次老师出了一套极难的试卷，班上大多数同学都没能及格。大家对这份试卷表示很不满。他们讨论了一番，决定去找老师表示抗议。但是当大家到达老师办公室时，发现了一张得了满分，而且没有任何涂改痕迹的试卷贴在门口。这张试卷正是钱学森的！大家看完后默默地离开了，谁也不曾想到中国的钱学森竟然能得满分！还有一次，一位教授出了一道非常复杂的动力学题，大家被难住了，百思不得其解。这时，中国留学生去问钱学森该怎么解答，结果，钱学森做了一个巧妙的转换，这道题随即变成了一道特别容易解的代数题。

钱学森在麻省理工学院时，始终凭着骨气与志气努力学习，他是我们的骄傲！在麻省理工学院的钱学森，仅仅用一年的时间就获得了硕士学位，这让那些持怀疑态度的美国同学与老师，彻底信服了中国人的实力与能力！钱学森杰出的科研能力在麻省理工学院开始显现出来。

但是，钱学森在美国还是受到了种族歧视，最严重的是在麻省理工学院期间不允许他到飞机制造厂实习和工作。麻省理工学院很注重实践，规定各专业学科的学生都要在学习期间到各对口工厂科研部门实习。钱学森学的飞机机械工程是一门实践性很强的专业，但是美国拒绝外国学生，特别强调中国人不得进厂学习，因此，钱学森没能去实习，这让他很愤怒、难过。

在取得硕士学位后，钱学森并没有着急回国，他也没有那么开心与轻松，反而心情有些复杂。弱国子民的境遇，让他想了很多。最终经过一番冷静、认真地思考之后，他做了一个重要的决定——继续求学，做加州理工学院冯·卡门的博士生。

固执者

1936年秋，钱学森取得硕士学位后，从西向东，由大西洋岸边的波士顿来到加利福尼亚州的帕萨迪纳小镇，拜见冯·卡门。冯·卡门看到的是一位身材不高，眼睛炯炯有神，朴素而又严肃的青年。这个青年向冯·卡门表达着自己的想法，他想来加州理工学院跟随冯·卡门攻读博士学位。冯·卡门听完后，想测试这个青年的真实水平，便提出几个问题让他回答。令冯·卡门诧异的是，钱学森对答如流。冯·卡门被钱学森的才思敏捷打动，于是，冯·卡门说，你可以来加州理工学院继续深造。就这样，钱学森顺利地成为冯·卡门的学生。

加州理工学院是一所极其优秀的私立大学，它的办学宗旨是"为教育事业、政府及工业发展需要，培养富有创造力的科学家和工程师"。当代应用数学学派的学术带头人林家翘，理论物理学家、流体力学家周培源，中国现代遗传学奠基人谈家桢等都毕业于此。钱学森选择在这里继续攻读博士学位无疑是非常明智的选择。

很快开学的日子来临了。10月份，钱学森到这里的航空系报到，喜悦之情难以言表。他可以在一所极其优秀的学校，跟着世界著名空气动力学大师学习！

报到结束后，他怀着激动的心情，马上将这一消息写信告诉父亲："我从10月份起，留学加州理工学院，投师于非常杰出的空气动力学权威冯·卡门。……儿将追随这位大师攻读空气动力学，也将在这位大师的身边度过对儿一生事业具有关键意义的时光。"谁知钱均夫看完信后眉头紧锁，回信给钱学森，说明了自己的担忧："重理论而轻实际，多议论而乏行动，这是中国积弱不振的一大原因。国家已到了祸燃眉睫的重要关头，望儿以国家需要为念，在航空工程上深造钻研，而不宜见异思迁，走到理论之途……"① 钱学森感到愕然的是父亲的不理解，他也有些失

① 霍有光：《钱学森年谱》，西安：西安交通大学出版社，2011年版，第31页。

落。他想的是先学世界先进理论，然后再把它应用于飞机制造，这样国家才能获得更大地进步！远在异国的钱学森，渴望着父亲早日明白他的初衷，希望父亲支持他的选择。

父子两个人不同的观点终于在蒋百里的调解下达成一致。蒋百里是谁？他是钱均夫的好友，也是钱学森爱人蒋英的父亲。蒋百里是民国时期著名的军事理论家，与钱均夫都曾就读于求是书院，是同窗好友。蒋百里在1901年去日本陆军士官学校留学时，钱均夫就在国内替蒋百里照顾他生病的母亲。回国后蒋百里与钱均夫两家人的来往更是密切，两人成为至交。

蒋百里曾任保定军校校长。任职期间，他结识了他的夫人佐藤屋登。这又是一段奇缘。蒋百里任职期间，学校的经费迟迟批不下来，他觉得愧对学校师生，就想以死来胁迫政府早点儿落实学校的经费，于是他当着全校师生的面，开枪自杀！幸而他伤得不重，经过急救，他的身体慢慢恢复过来。当时前来救助他的有日本驻北京公使伊集院的军医平户和助手左梅（因佐藤屋登喜欢梅花，蒋百里给她取名"左梅"）。在养伤期间，蒋百里与左梅产生了浓浓的爱意，后于1914年秋结婚。他们婚后育有五女，即蒋昭（不幸早逝）、蒋雍、蒋英、蒋华、蒋和。

蒋英便是钱学森的夫人。这里面又有怎样的一段故事呢？钱蒋两家是世交，钱家又只有独子，于是钱家就跟蒋家说想把蒋英过继为女儿，蒋家同意了。蒋英那时5岁，改名为"钱学英"，与奶妈住进钱家。后来蒋家因为想念孩子，又去钱家要蒋英。当时钱学森的母亲跟蒋家说："你们这个老三，是我干女儿，长大了，将来得给我做儿媳妇。"虽然之后钱学森与蒋英的婚姻并不是因为章兰娟的这句话决定的，但是钱学森与蒋英确实是很早就认识了。至于他们是如何成为夫妻的，这是后话。

1936年11月，蒋百里被派出国考察欧洲各国的军事，其间来美国看望钱学森。来之后，他才得知钱家父子在研究工程还是理论的问题上有不同意见。他仔细听完钱学森的想法，认为这样想是正确的，就对钱学森说："你安心在这里读书，我回去后帮你说服你父亲。"回国后，蒋百里立刻找到钱均夫，说："欧美各国的航空趋势，在于工程、理论一元化，工程是跟着理论走的。而且，美国是一个富国，中国是一个穷国，美国造一架飞机，如果理论上有新发现，立刻可以拆下来改造过来，我们中国就做不到，所以中国人学习航空，在理论上加工是有意义的。"钱均夫听后，仔细揣摩一番，觉得蒋百里的说法有道理，这样，钱均夫才知道钱学森的选择是对的！

这次去欧洲考察，蒋百里还把蒋英和蒋和一同带来，并把她们送入了冯·斯东凡尔德学校学习。就在蒋百里看望钱学森时，他还把一张蒋英的照片给了钱学森……

在获得父亲的支持后，钱学森便把心思用在攻读博士上。这时，他依然刻苦。冯·卡门是世界著名空气动力学家，他一生致力于应用力学、流体力学、湍流理论、火箭等的研究，能跟随世界著名空气动力学家学习，钱学森深知机会来之不易，因此加倍刻苦。他如饥似渴地阅读大量力学著作，学习现代数学、量子力学、相对论等理论。他还旁听物理系的课，了解物理系的前沿问题。这时的他是一个知识超人，毫无疲倦地往自己的脑海里源源不断地填充大量知识。他把一天的时间安排得满满的，几乎每天都是夜里12点以后睡觉，就算是过节，钱学森也一样用功读书。

有次圣诞节，同学们都出去庆祝，只剩下一

位犹太学生和一位中国学生。这位犹太学生到教室后，以为只有他自己在复习功课，就把带过来的收音机的音量放到了最大，一边复习功课，一边享受音乐。就在这时，隔壁教室传来"咚咚咚"的敲墙的声音。这位犹太学生感到很诧异，心想怎么还有其他人在？于是他就跑到隔壁教室看个究竟。谁知，他看到的是正在埋头看书的中国学生钱学森。这位犹太学生惊讶极了，同时，一种由衷的佩服油然而生。

钱学森不但勤奋，而且聪明。他旁听物理系保罗·S·爱泼斯坦的课时，会经常提出一些比上课内容要难得多的问题，有时老师在课堂上竟然不能立即回答他，因此，这位老师对钱学森的印象非常深刻。当他得知钱学森是冯·卡门的学生后，他跟冯·卡门说："你的学生钱学森，我见过。他经常听我的课。我发现他很聪明，非常优秀!"冯·卡门笑着说："是的，他很优秀。"有趣的是，爱泼斯坦甚至怀疑钱学森是犹太民族的学生，因为他觉得只有他们犹太民族的学生最聪明。

在这里学习，钱学森感到老师们教学非常重视创新。有一次，冯·卡门问学生们 100 分的标准是什么，学生们的回答是全部题目都正确，但是冯·卡门说，"我的标准跟你们不一样"。他停顿一会儿，继续说："如果在我面前有两份试卷，一份是仅仅答数正确，解题思路没有创新的满分试卷，另一份是虽有个别运算疏忽的错误，但是有自己的创新的试卷，如果给满分的话，当然，我会给第二份试卷。原因就在于第二份试卷有开拓、有创新！"钱学森听完，受益颇多。他深深懂得在这里攻读的都是拔尖人才，要在优秀中有所成就的话，必须想别人没有想到的东西，说别人没有说过的话。

民主气氛浓是钱学森喜欢这里的另一个方面。冯·卡门每周都会召集大家一起开研究讨论会和学术研讨。每次的讨论，不管是老师还是学生，都会各抒己见，相互争论，气氛相当活跃。如果冯·卡门在讨论时意见错误，他也会主动承认错误，这给钱学森留下深刻的印象，他后来民主的学术作风正是受这时的影响。

有一次，钱学森竟然跟一名力学权威——冯·米塞斯吵了起来！1937年秋天的一个上午，钱学森他们又在进行学术讨论。会上，钱学森先把自己研究一个学期的课题拿出来跟大家讨论。

他刚说完，一位老者就站起来说："刚才发言的那位先生您好，您说的问题，我想我有不同的观点。"然后，他就把他的观点跟大家讲述了一遍。钱学森认真听完老者的话，又仔细想了想自己的观点，他认为自己没错，于是他说："老先生，我觉得您的观点有问题。"这位老者听到年轻的钱学森说他的观点有问题，十分震惊。他们两人各执己见，开始争论起来，互不相让。最后，还是冯·卡门将他们两个人劝住，这样讨论会才得以进入到另一个话题。会后，冯·卡门才告诉钱学森那位老者就是力学权威冯·米塞斯教授，钱学森听完后既窘迫又担心。但是冯·卡门告诉钱学森学术需要民主，这样，钱学森悬着的心才踏实起来。经过思考，冯·卡门对钱学森说："你和米塞斯两个人，你是对的！"

还有一次，钱学森与冯·卡门争吵了起来。钱学森把写好的文章拿给冯·卡门看，但是冯·卡门不同意钱学森的观点。固执的钱学森却一再坚持自己的意见，就这样他们吵起来了。最后冯·卡门将钱学森的文章扔在地上，摔门而出。看到这一幕，钱学森心里很不是滋味。他十分尊敬自己的导师，但是他又认为自己没错，便默默地捡起自己的文章，怔在那里。晚上，钱学森辗转反侧，还在想到底是不是自己做错了。同时，冯·卡门也在想这件事情。他懂得钱学森是个难得的人才，也知道他很固执，更懂得他会坚持正确的观点，于是，冯·卡门开始重新思考那个问题。结果是，冯·卡门错了。让人意想不到的是，第二天冯·卡门很早来到学校，他找到钱学森，先深深地向钱学森鞠了一躬，然后说："昨天的争论，你是对的。"钱学森十分感动，他也赶紧给老师鞠了个躬。

钱学森就是这样一个坚持自己思想的人，他关心的只是正确与否，并不害怕地位与权势。

正是凭着刻苦努力与惊人的禀赋，仅仅3年时间，钱学森居然完成《高速气动力学问题的研究》等4篇博士论文。1939年6月9日，钱学森戴上了博士帽，他博士毕业了。他取得了航空、数学的博士双学位！这实在是太令人震撼了。

其实，他能够毕业也应该感谢清华大学对他公费留学时间的宽限，以及冯·卡门对他的帮助。1938年，清华大学就已经写信催钱学森回国了，但是，钱学森的博士毕业论文还未完成，并且他正忙于火箭俱乐部的工作，还不能回国，因此，钱学森心里很着急。于是，他就给清华大学校长梅贻琦写信："敬启者，……然学生以为，如能在冯·卡门教授门下再有一年之陶冶，则学生之学问能力必能达完美之境，将来归国效力必多。冯·卡门教授亦以为在现在情形下，此亦上策。故学生乃敢呈请再延长公费，至民国二十八年七月为止。"[1] 冯·卡门得知此事情后，也拿起了笔给梅贻琦校长写信，请求梅校长能够让钱学森公费留学的时间再延长一年。正是在冯·卡门的帮助与清华大学的宽限中，钱学森才有机会攻读完他的博士学位。

闪亮的星

在 24 岁时，钱学森就怀揣着一颗征服宇宙的心，写过一篇名为《火箭》的文章。经过硕士的学习与博士的攻读，钱学森对火箭越发有兴趣。在加州理工学院，他还加入了几个年轻学生组织的火箭俱乐部。从此，钱学森开始了他的火箭事业。

---

[1]李明、顾季环、涂元季：《钱学森书信补编》，北京：国防工业出版社，2012 年版，第 20 页。

火箭俱乐部由加州理工学院一名航空工程专业的研究生——马林纳发起。马林纳非常聪明，对火箭情有独钟，渴望着能成为火箭事业的佼佼者。有一天，自学成才的化学家约翰·帕森斯和擅长机械制造的爱德华·福尔曼出现在了加州理工学院。马林纳得知后十分欣喜，因为他想或许可以同帕森斯和福尔曼共同合作研制火箭。他迅疾去找这两个人说明了他的想法。同时，加州理工学院的史密斯与柏雷对火箭也很感兴趣。就这样，在马林纳的邀请下，他们几个年轻人怀揣着梦想，在1936年2月成立了"火箭俱乐部"。他们各有擅长，马林纳与柏雷、史密斯擅长数学计算，帕森斯负责造火箭燃料，福尔曼则擅长机械制造。1937年，马林纳得知学习航空理论的钱学森喜欢火箭，便邀请钱学森加入俱乐部。他们几个人各有不同的分工，为小小的俱乐部贡献着自己的力量。

他们商量着先从哪儿开始研究，但不管是进行方案确定还是进行试验，都需要资金，可是，他们既没有自己的实验室也没有资金。几个年轻人眉头紧锁，十分苦恼。马林纳说："我们现在只能节省一些，拿着自己打工的钱去买些二手的材料!"大家沉默,因为解决的办法也只有这一个。沉默也是赞同。突然,史密斯打破沉默,他竟然说他有办法,后来他还真的帮助俱乐部解决了资金的问题。原来他找来了气象系的研究生阿诺德,阿诺德见到小组成员后,笑着跟大家打招呼,说:"大家好,我知道你们缺乏资金,我可以捐一些。但是得有个条件,允许我拍摄火箭发射时的画面。"小组成员欣然答应了他的条件。这样,阿诺德就把1000美元给了他们,小组成员高兴极了!

他们的火箭事业开始了!在工作分工上,钱学森负责火箭研究的文献调研与计算。经过一遍又一遍严谨地推理、计算,4月,他完成了《火箭发动机喷管扩散角对推力影响的计算》;5月29日,他写出被其他成员誉为"小组圣经"的《喷嘴发散角度变化对火箭推力的影响:火箭引擎的理想周期;理想效率与理想推力;考虑分子解离效应之燃烧室温度计算》。钱学森十分忙碌,他一边进行火箭试验,一边做空气动力学的博士论文。论文的最后一部分是《探究火箭(特别是有关连续脉冲式推进的)飞行分析》,他将采用连续脉冲逐次推进的方法发射火箭的设计方案与计

在美经年 第二章

算作为博士论文的探讨和论证部分。

火箭俱乐部进行过许多次火箭试验，被同学们笑称是"自杀俱乐部"，这是怎么回事呢？原来在他们研究火箭的固体推进剂时，曾发生多次爆炸以及两起事故。一起是一瓶四氯化氮不小心被打翻，所以在校园草坪留下了一大块棕褐色的痕迹；另一起是他们在实验室进行 8 英寸（约 21 厘米）长的火箭试验时，由于四氯化氮和酒精没能成功混合燃烧，火箭喷发的红褐色气体与泡沫将实验室弄得一片狼藉。可想而知，这样的试验，不但使实验设备惨遭毁坏，而且他们的人身安全也得不到保障，于是，同学们笑他们的俱乐部像极了"自杀俱乐部"。后来，这个曾得到冯·卡门支持的俱乐部被赶到一个偏远的山谷里，数年之后，这个山谷竟然成为美国宇航局著名的喷气推进实验中心的所在地。

这几个年轻人并没有气馁，他们在清苦的环境中计算、试验着……一年多之后，奇迹发生了！1938 年，火箭小组由马林纳和史密斯执笔，钱学森计算论证，写了一篇《探究火箭的飞行分析》的文章。这篇文章让他们在第六届航空科学研究院年会上一鸣惊人，这是第一篇有关火箭的研究报告！之后，越来越多的人开始关注他们，其中就有美国陆军航空兵司令、五星上将亨利·阿诺德。慢慢地，钱学森他们有了自己小小的成果。1938年5月，火箭引擎运行了1分钟！他们欢呼雀跃，十分开心！

　　随着火箭俱乐部的声名大振，它与军事任务便有了交集。1938年秋，冯·卡门和加州理工学院院长米利肯从美国陆军航空兵署为俱乐部带回了"JATO"计划（研究重型轰炸机的助力起飞发动机计划）。这在1939年1月为他们赢得了1000美元的研究经费，后又因为阿诺德将军的重视，研究经费增加到10000美元，这正解了缺少资金的火箭俱乐部的燃眉之急。他们在这项计划中，经过无数次地计算、试验，终于在1940年解决了火箭燃料的问题，并在1941年8月将计划完成。

　　谁也没有想到小小的火箭俱乐部后来竟然开了自己的公司——"航空喷气通用公司"（产品卖给军方）。该公司于1941年由火箭俱乐部的成员与冯·卡门每人出资200美元，合股成立。冯·卡门为总经理，马林纳是财务主管。钱学森只任公司顾问的职位，没有任何股份。公司成立后，大家举行了一个庆祝会。就在举杯庆祝的时候，马林纳对钱学森说："我们的大顾问，你也入股吧！"可是，钱学森却摇摇头，说："不用了，谢谢。"马林纳一开始以为钱学森是担心入股赚不到钱，所以后来随着公司的经济效益越来越好，他多次劝钱学森入股，一同赚钱，但是，钱学森始终没有答应。这其中的原因正是钱学森不想留在美国，他不想在航空喷气通用公司里有任何股份。

钱学森这时还为空军、海军军官讲授火箭理论的课程——工程数学原理和喷气推进原理。讲课时，他十分严肃认真。他常常在黑板上写满公式，从来不出错。他十分真诚，除正常上课之外，他还帮学生们补习功课。有一次在补习流体动力学时，他竟然连续讲了15个小时！学生们为此十分感动，提议要给老师补习费，但是钱学森坚决不接受。钱学森是美国军官的老师，这让在美留学的中国学生，如郭永怀、林家翘、钱伟长等十分自豪，因为这是我们中国人的荣誉！但是，钱学森这时的心情很复杂，他想如果现在他能给中国学生讲课，让他们获得更先进的知识那该多好。

二战时，德国研制的 V－1、V－2 火箭严重威胁到美、英盟军的安全，于是，美国方面要求冯·卡门主持研制新型火箭。冯·卡门与钱学森、马林纳商量后，决定建立新型的火箭实验室——喷气推进实验室（简称 JPL）应运而生，政府给实验室的启动资金是 300 万美元！很快实验室成立，他们开始研制飞行时间更长、炸药承载能力更强的火箭。

钱学森负责理论组。面对这个难题，他认为首先要从弹道分析、燃烧室热传导与燃烧理论入手进行研究，然后建议冯·卡门要运用新的军事思想和方法进行火箭研制。在经过对导弹和跨声速飞机采用的各种喷气推进系统进行比较后，他得出导弹和航天飞行最好采用涡轮喷气发动机与冲压式喷气发动机组合作为第一级动力（或作为火箭在助推起飞后的动力）的结论。他与马林纳在 1944 年 7 月合作完成美国航空兵驻加州理工学院联络官乔英特要求的远程导弹潜在能力研究报告，即《远程火箭的评述和初步分析》。冯·卡门认为这是一份具有重要意义的报告，并附上一份自己的备忘录，一同交给了美国陆军军械署技术部。后来这份报告被认为是美国导弹计划的第一份正式记录，也是正式使用喷气推进实验室这个名称后的第一份文件。

在喷气推进实验室里，钱学森还找来了在美留学的林家翘、钱伟长等一同进行研究，并与他们结下了深厚的友谊。钱伟长在1942年至1946年间应冯·卡门的邀请，在喷气推进实验室工作。钱学森很愿意和性格开朗、懂很多知识的钱伟长交谈。他们经常在一起吃晚饭，无话不谈。在留美的学生里，钱学森与郭永怀感情最深，这也就是钱学森所说的"最相知的只有郭永怀一个人"。郭永怀于1941年5月来到加州理工学院古根海姆空气动力学实验室，在冯·卡门的指导下攻读博士学位。钱学森与郭永怀一起探讨，一起合作，在跨声速流动问题中引入上下临界马赫数的概念。1943年至1946年间，物理学家周培源利用休假时间带夫人、女儿来美国，在加州理工学院从事湍流理论研究，正好结识钱学森与冯·卡门。钱学森与其他留美学生星期天时经常去周培源老师家里玩。他们一起谈天说地，十分愉快。那时，周老师还经常找钱学森谈话，希望钱学森能早点儿回国报效国家。

除拥有友谊外，钱学森还收获了深厚的师生

情。钱学森在加州理工学院攻读博士期间，冯·卡门对他进行悉心地指导，在他毕业之后，冯·卡门又伸出帮助之手，让钱学森在美国的火箭事业发展得顺风顺水。1939年，钱学森博士毕业，在冯·卡门的帮助下，任加州理工学院航空系的助理研究员。后通过冯·卡门的推荐，钱学森可以参加军事研究项目。1944年，钱学森佩戴上了最高军事机密的证章，可以自由出入国防部五角大楼等。钱学森声名鹊起缘于他的一项独立成果，即1940年他在美国航空学会年会上宣读《薄壳稳定性》和《高速气流突变的测定》的论文。这是第一次有人发现在可压缩的气流中，机翼在亚音速飞行时的压强和速度之间的定量关系，被称为"卡门—钱近似公式"。

从火箭俱乐部到喷气实验室，美国的火箭事业从无到有，越来越强大，钱学森为此做出了巨大贡献。美国作家密尔顿·维奥斯特这样评价钱学森："钱是帮助美国成为世界第一流军事强国的科学家的银河中的一颗明亮的星。"钱学森正是那颗明亮的星。他在美国获得了巨大的成功，还帮助美国发展了火箭事业，"使大大落后于德国的非常原始的美国火箭事业过渡到相当成熟的阶段"。

　　1945 年，钱学森作为冯·卡门的主要助手，随 36 名国防部科学咨询团成员前往德国考察航空与火箭技术。他们在第一站——德国下萨克森州的不伦瑞克小镇的戈林空气动力学研究所，获得重大发现。让大家震惊的是，德国 Me－262 型喷气战斗机的速度在 1941 年已达每小时 998 千米，这正是布斯曼擅长设计、制造的后掠式飞机。在之后的考察中，他们还提审了德国著名气体动力学家赫尔曼，他是德国的 V－1、V－2 火箭的研制、发射理论的负责人。让钱学森十分惊愕的是，赫尔曼竟然用自己两年前发表的《超音速气流中锥形体的压力分布》中的理论和技术设计火箭！赫尔曼也承认的确如此。

　　在哥廷根，冯·卡门与钱学森拜访兼审问冯·卡门的导师——普朗特。这是一次师生三代具有历史性意义的会晤。冯·卡门为美国尽忠，普朗特为纳粹德国制造武器，而钱学森以后却回到了红色中国。他们三人还拍照合影，将历史定格在这一次难忘的会晤上。凑巧的是，普朗特告诉钱学森，他也有一位中国的女研究生，叫陆士嘉。后来陆士嘉在新中国成立后，任北京航空学院第一任空气动力学教研室主任。看，我们的中国学生多么了不起!

　　这次考察,他们最重要的收获是在德国南部慕尼黑附近的奥伯阿梅高小镇的美军军营里,提审德国 V－1、V－2 火箭的总设计师——冯·布劳恩。在提审过程中,为了照顾冯·布劳恩很差的英文,钱学森他们使用德语与他交流。他们得知 20 岁的冯·布劳恩就与其他三人成立"陆军火箭研究中心";25 岁的他就已经是佩内明德基地的首席火箭科学家! 这又是一个火箭天才! 他研制火箭的目的很简单,他仅仅想用火箭带人们去太空旅行,或者可以用它维护世界和平。原来,他研制的初衷不是为了进行战争,而是为了避免战争。他告诉钱学森他们:"我知道我们(纳粹德国)创造了一种新的战争模式,问题是现在我们不知道,应该把我们的才智贡献给哪个战胜国。我希望地球能避免再进行一场世界大战,我以为只有在各大国导弹技术均衡的条件下,才能维持未来的和平。"并不是每一个在战争中的人都渴望战争,当他看到他设计的火箭用来袭击伦敦时,他也深感自责。这与钱学森进行火箭研制的初衷是一致的。钱学森十分理解,也很佩服冯·布劳恩。当钱学森审讯完冯·布劳恩后,按照要求，冯·布劳恩写下了书面报告《德国液态火箭研究与展望》。钱学森他们从中获知了德国已经在着手研制一种射程可以达到 3000 英里（约 4828 千米）的远程导弹，美国纽约就在射程之内，这令钱学森他们无比震惊。

12 月份，由钱学森主笔，写出《迈向新高度》的调查报告。这是基于对德国和欧洲以及日本的有关火箭、导弹、空气力学等资料的研究基础上写出的共 9 卷的报告，其中第 3、4、6、7、8 卷，再加上技术情报附录部分，都是由钱学森所写的。他对高速空气动力学的发展，包括脉冲式喷气发动机、冲压式喷气发动机、固态与液态燃料火箭、超音速导弹乃至核能作为飞行动力的可能性等都进行了详细论述。钱学森的报告受到美国陆军航空兵司令阿诺德的高度评价。钱学森还因为此番对德国的考察，获得了很高的荣誉。美国总统罗斯福接见了钱学森，并授予他"二战和平勋章""国家服务优等勋章"。在美国陆军航空兵颁发给钱学森的奖状中写道："从 1939 年 9 月到 1945 年 9 月期间，他在加州理工学院推进实验室担任高级顾问时，成绩卓绝。"钱学森在美国第一批导弹的建造、喷气式飞机的研制、无人航天器的规划上，一次次都起到了关键的作用。

喜结良缘

1946 年，冯·卡门因与加州理工学院当局有分歧而辞职，钱学森便跟着老师一同去麻省理工学院任教。在那里，他任副教授，同时教授空气动力学专业的研究生，讲可压缩流体的基础课。

钱学森给学生上课一直是很严肃认真的，在麻省理工学院讲课，可以用"令人恐惧"来形容。上课铃响后两分钟，他总会准时出现在教室里，然后站在黑板左端的位置，对学生们说开始上课。之后，他便开始难度很大、知识密度也很大的授课。他总是会在黑板上写满方程式，让学生们安静地抄写，偶尔，他会告诉学生们这些方程式之间有重要的关系，但是具体是什么关系，他让学生们自己思考。这些安静的方程式最后就成为大家的家庭作业，学生们下课后需要用心思考公式是什么，是怎么回事，显然，他十分重视学生的自学能力。最令人恐怖的是他给学生的成绩并不是很高。有一次期末考试，全班同学只有一人得了 73 分，其他人的成绩都不及格，班里的第二高分是 58 分，全班的平均分是 14 分！这实在是极恐怖的！尽管如此，他的初衷也只是希望学生们有较大长进和提升。

自然，他对自己的学生要求更加严格。有一次，钱学森让马克进行些计算，因为难度很大，马克一直在计算。后来午餐的时间到了，马克想先去吃饭，然后再回来继续计算，于是，他就先去吃饭了。谁知，马克刚去吃饭不久，钱学森来检查却发现马克不在实验室，因此，马克回来后受到了钱学森严厉的批评。钱学森说："你这是什么样的科学家，算到一半竟敢跑去吃中饭！"事实上，钱学森不仅是这样要求自己的，也是这样做的。在他的科研之路上，废寝忘食是常态。

这只是课上的钱学森。下课后，他参加学生们的活动时，却是另一番模样。研究院的学生邀请钱学森共进晚餐，一开始学生们还以为他不会参加，谁知，钱学森竟然来参加聚餐了，而且他和学生们在一起时，非常和蔼可亲。他与学生们谈学术、人生，还帮助学生规划未来，等等。

教学之余，他还和在加州理工学院时一样，与冯·卡门参与美国的军事活动，发表一些论文。这时的他开始关注物理学，他认为利用核能发展航空航天事业以及和平利用核能的远景非常广阔。他发表文章《原子能》，提供给大家将核能应用于航空航天和进行工程设计的物理原则与量化信息。钱学森不只是会计算的科学家，还是一个极优秀的演讲家，这时的他在麻省理工学院进行了多场关于核能与航空、制造核能火箭的演讲，吸引了广大师生。

在这样平静地进行科研、教书的日子里，钱学森在1947年2月被破格提升为终身教授。年仅36岁的钱学森，居然已经是终身教授了，太令人震惊了！推荐信是由冯·卡门写的，"钱博士在应用数学和数学物理解决气体动力学与结构弹性方面的难题方面，绝对是同辈中的佼佼者……他人格成熟，堪当正教授之责，也是一位组织能力极强的好老师。他对知识和道德的忠诚，使他能全心奉献于科学"。这也表明了冯·卡门对钱学森的肯定。

这之后不久，钱学森便应邀在麻省理工学院航空系大厅做了一场《飞向太空》的报告，吸引了众多著名的火箭飞行家，以及一些知名学者、军事代表。他的同学、同乡等也都来听讲。这时，钱学森在美国已经是十分著名的科学家了。

就在钱学森科学事业发展得如火如荼时，钱

均夫来信告诉儿子，他的胃部要动大手术，这令钱学森担心不已。7月份，他向麻省理工学院请假，回国探望父亲。没想到这次回国，居然成就了一桩良缘。

从1935年到1947年，钱学森来美国已有12个年头，终于有机会回国看看了。这时中美之间已经开通直达航班，钱学森便选择乘机直抵上海。他的好友范绪箕得知钱学森要回国的消息后，专门去机场接他。一别这么多年，两人见面真的是泪眼汪汪啊！范绪箕接上钱学森后，便赶回上海愚园路1032弄111号钱均夫住的地方。这是一栋四层楼房，钱均夫住在底层，章兰娟的哥哥章乐山之子等人住在上面三层。钱均夫父子终于见到了彼此。已动过手术的钱均夫虽然身体还很虚弱，但是见到归来的儿子，也顾不得那么多了，与儿子畅聊了很久很久。钱学森在想，如果母亲健在该多好……

回国后的钱学森十分繁忙。他应邀去交通大学、清华大学、浙江大学进行演讲。他每到一个学校，看着莘莘学子，都有很深的感触，他终于有机会跟自己国家的学生谈谈心，讲讲知识了。他在演讲中谈自己在国外12年的所见所闻，谈他的学习、研究经历，告诉同学们科学技术的重要性，特别是他在《工程技术与工程科学》演讲中，谈应用力学学派能促进工业技术的发展，在这之上，他告诉同学们，工业能使国家富强，技术和科学研究更是国家富强的关键所在。钱学森还用心良苦地告诉年轻的学子们不要只学习理论，还要重视理论与实践、工程与科学的结合。他叮嘱学子们，纯粹的科学事实与工业应用的距离已经缩短了很多，为了促进工业的向前发展，纯粹科学与工业应用的主体们，也就是纯科学家和工程师之间需要加强密切合作。学子们为钱学森渊博的知识、精彩的演讲而鼓掌，又被钱学森的一番番鼓舞的话所感动，他们在心底里暗暗下决心，要以钱学森为榜样好好学习。

钱学森于8月中旬至9月初在清华大学讲学。他于8月17日来清华，住在叶企孙家中，即清华北园7号。在清华大学，钱学森接受了梅贻琦校长的宴请，为这里的学生做几次演讲，并与叶企孙、江安才、赵广曾等人同游了天坛。在叶企孙家中时，教育部长朱家骅发电报给叶企孙，请他将教育部想聘钱学森为交大校长的意愿告诉了钱学森。钱学森听后，婉言拒绝。其实清华大学很早之前就想聘请钱学森，1939年7月，清华大学第四次聘委会就曾做出以每个月280元的工资聘请钱学森的决定，1944年12月，梅贻琦也决定以450元的工资聘请钱学森。但当时清华已搬至昆明，交通受阻，钱学森未收到邀请。其实在回国之前，钱学森就已经办好了美国绿卡。这时的他一方面不愿任国民党教育部的职位，另一方面他看到国内政局不稳，形势混乱，想在美国继续进行科研，想来日再回来报效祖国。叶企孙提醒钱学森："如果不愿意，那么就赶快走，晚了恐怕就走不成了。"钱学森听后，便赶紧于9月1日飞回上海。

回国探亲时，钱学森见到了儿时的妹妹——蒋英。蒋英在1936年随父考察时，于德国冯·斯东凡尔德学习西洋美声唱法，师从男中音海尔曼·怀森堡。之后又辗转学习，1944年毕业，签约德律风根公司。直到1946年，她才回国。1947年5月31日，蒋英在上海的兰心大戏院举行归国后的第一次独唱音乐会，从而开启了她歌坛新秀的美好生活。就在这一年，钱学森也回国了。他回来后，经常去听蒋英的演唱会，他被蒋英吸引了……

有趣的是，钱均夫为儿子的终身大事着急，

便请蒋英给钱学森介绍女朋友。蒋英十分热心，特意给钱学森安排了一场相亲，只是在相亲的聚会上，钱学森很少跟蒋英介绍的女子聊天，他却跟蒋英谈了很多，还时不时盯着蒋英看。

这之后，钱学森还多次去见蒋英。一次，他跟蒋英说："你跟我去美国吧！"蒋英心里明白了他的想法，但是她说："我为什么要跟你去美国？我还要一个人待一阵儿，咱们还是先通通信吧！"这时的钱学森心里很着急，却反复只说："不行，现在就走。"蒋英与钱学森早就认识，她对钱学森的人品也很了解，而且钱学森是位科学家，她很钦佩这样一位年轻的科学家。就这样，他们在一起了。

1947 年 9 月 17 日，他们在上海沙逊大厦举行了隆重的婚礼。婚礼上，后来成为中央音乐学院钢琴教授的周广仁担任婚礼钢琴伴奏，上海影星徐来的女儿在婚礼上提花篮。他们郑重其事地宣读了《结婚词》：

　　　"维中华民国三十六年九月十有七日，杭州市钱学森与海宁县蒋英，在上海沙逊大厦举行婚礼。懿欤乐事，庆此良辰，合二姓之好。本是苔岑结契之交，绵百世之宗，长承诗礼传家之训。鲲鹏鼓翼，万里扶摇；琴瑟调弦，双声都荔。翰花陌上，携手登缓缓之车；开径堂前，齐眉举卿卿之案。执柯既重以冰言合卺，乃成夫嘉礼。结红丝为字，鸳牒成行；申白首之盟，虫飞同梦。盈门百网，内则之光；片石三生，前国共证云尔。"

自此之后，两人一直生活得很幸福。

他们结婚后不久，钱学森便匆匆回到了麻省理工学院。一个多月之后，也就是在 11 月份，蒋英也来美国与钱学森团聚。他们住在麻省理工学院附近一个租来的房子里。刚刚新婚的钱学森还是不忘科研工作。蒋英刚到美国那天，钱学森把她安顿好之后，就去学校上课了。晚上 8 点钟时，钱学森沏了一杯茶，跟蒋英说了一句回见便去看书，一直看到夜里 12 点。

他们在一起生活得很愉快，钱学森教蒋英外语，蒋英的活泼让钱学森十分开心。冯·卡门说："钱现在变了一个人。英真是个可爱的姑娘，钱完全被她迷住了。"

钱学森夫妇经常邀请朋友们来家里玩儿，还经常宴请他们。一次宴请郭永怀夫妇时，钱学森亲自下厨，蒋英给他打下手。这时，郭永怀的夫人李佩才知道原来钱学森还能炒一手好菜。蒋英人很开朗，与钱学森的朋友们相处得很好，她也很能调节大家在一起的气氛，所以大家与她相处时，总是很愉快的。

1947年是非常美好的一年，那年的钱学森不仅成为终身教授，还收获了一份良缘。尽管如此，钱学森还是感到了一种惆怅。他给马林纳写信，抱怨波士顿的坏天气，还告诉马林纳他那如同坏天气般的心情，"我真的不能确定自己的未来会如何，但或许，没有任何人能确知自己的未来"。正如钱学森给马林纳的信中所说，没有任何人能确知自己的未来，钱学森的生活在这时确实还是不确定的。

第三章
坎坷归国路

渴望归去

正如钱学森所说的对未来有种不确定之感那样，他的工作很快也产生了变动。1948 年，他接到加州理工学院和普林斯顿大学的两个喷气中心的两份聘书，他开始思考何去何从。这时，他想回国，但国内政治形势仍不稳定，他只能暂时留在美国。就在那年的 10 月 13 日，钱学森的第一个孩子——钱永刚出生。面对妻儿，钱学森能做的就是给他们安定、幸福的生活。虽然两所学校给他的待遇都很不错，但是比较了两所学校后，他还是决定回加州理工学院工作，因为他对那里有很深的感情，那里有他成长的痕迹。在那里，他从一名普通的中国学生，经过努力，成为一名著名的科学家，而且加州理工学院的民主氛围，更是他喜欢的。这样，1949 年，钱学森回到加州理工学院，任喷气推进实验中心主任，兼任航空系教授，以及喷射工程公司的顾问。

这时的钱学森他们一家人过着幸福而又轻松的生活。他们租住在帕萨迪纳一幢幽静的房子里，一家三口其乐融融。

回到加州理工学院，钱学森很快把家人安顿好，之后便迅速投入工作。在喷气推进实验室里，他思考如何培养年轻科学家的问题。思来想去，他最后认为在喷气推进实验室招收博士生是一条解决途径，于是，他开始在实验室招收航空、机械工程、应用力学专业的博士生。这些学生只在这里学习、听课，他们的学位授予仍由他们原所在的系负责。钱学森不但对招生的具体事宜亲力亲为，而且开课后，他每天都认真地写课程大纲。这个时候，钱学森还大胆提出新的设想。1949 年 12 月，纽约召开美国火箭学会。会上，钱学森提出可以设计一种形似一支削尖的铅笔的飞机，长约 80 英尺（约 24 米），直径约 9 英尺（约 2.8 米）。它从纽约到洛杉矶的飞行时间将不到 1 小时，他告诉大家这将是一种洲际高速客机的理想模式。他的这次发言引起了极大轰动，《大众科学》《飞行》《纽约时报》《时代》等报纸杂志纷纷对此进行报道。后来，钱学森还预言人类在30年内可以登上月球，并且这趟月球之旅，能在一个星期内完成！这样大胆的预测，让大家觉得不可思议。

他一边在自己喜欢的科研领域里愉快地工作着，又一边打听着国内的消息。1949年初，他听到了国内战争即将告捷，蒋介石节节溃败的消息。一天，他在看报纸时，看到了这则重大新闻，他激动极了。因为祖国解放得越快，他们回国的日子也就指日可待。他赶紧把这一消息告诉蒋英："国内战争快结束了，我们快回国了，终于快回国了！"蒋英的脸上现出一抹微笑，深情地望着钱学森，说："学森，我们终于可以在不久的将来回到祖国的土地上了，那时你想给祖国学生讲课的梦想就要实现了！"他们就这样期待着早日回去……

不料，这时又出现了新的情况。蒋介石在战败后，逃往台湾，在台湾，国民党当局实施了一系列对抗共产党的政策。钱学森在美国是十分著名的科学家，如果钱学森去台湾，势必会带动一批学者也跟随他一同去台湾，因此，国民党当局非常想争取钱学森去台湾。

中国共产党方面当然更加希望钱学森能够早日回国。负责联络海外留学生、学者回国的是在香港大学任教的曹日昌。他把周恩来希望钱学森早日回国的消息写信传达给在美留学的物理学博士葛庭燧，希望葛庭燧能联系钱学森，将党的这份心思传达给钱学森。5月14日，葛庭燧收到来信，他看完信后，赶紧把信转给钱学森。5月20日，钱学森见到了信，信中曹日昌说，中国马上就要解放了，东北、华北已经稳定下来，国内正在进行各种工业的恢复工作，航空工业也正在着手进行建立工作。奉北方工业主管人之命写信给您，向您表示问候，以及深切期望，若您在美国的工作能够离开，特别希望您早日回到国内，领导中国的航空工业的建立。葛庭燧也写了封信给钱学森："思及吾人久滞国外，对于国内的伟大的生存斗争犹如隔岸观火，辄觉凄然而自惭……"[1] 看完信后，钱学森心情很复杂，也很激动。新中国在

---

[1]葛庭燧：《科学无国界，科学家有祖国》，《民主与科学》1999年第5期，第7页。

召唤自己，自己终于等到要报效祖国的时刻了！他按捺不住自己的心情，赶紧看新闻和报纸，看看有没有最新的国内消息。他还去在美国的林家翘的家中，询问关于祖国的事情。林家翘得知钱学森的来意后，笑着告诉他："你来得太巧了，我刚收到周培源老师寄来的信，赶快读一读吧！"钱学森读到的正是军民的鱼水情，解放军对老百姓的真诚，老百姓的拥军等消息。钱学森心里高兴极了，对祖国的思念又深一分，想回国的决定更加坚定了。

钱学森又找来在加州理工学院攻读博士学位的罗沛霖谈祖国的变化，罗沛霖告诉钱学森是时候回国了。

罗沛霖是钱学森在交大的好朋友。大学毕业之后，罗沛霖就一直从事党的地下活动。他来美国的主要原因是奉党的命令，争取中国留美学生、教授早日回国。他拿着党给他的500美元，在美攻读博士学位，他一边刻苦读书，一边开展着党交给他的任务。令人钦佩的是，他居然用23个月的时间就拿下了博士学位。其实，罗沛霖来美国还是钱学森帮助的呢！这是钱学森回国那年的事情。当时，罗沛霖想来美国留学，钱学森得知后，不但帮罗沛霖办理来美的手续，而且还介绍他来加州理工学院学习，并为他写推荐信，这样罗沛霖便可以直接攻读博士了。

钱学森找来罗沛霖，说："我一直在盼着祖国的独立，新中国的成立。我是多么想把自己学到的知识贡献给祖国啊！"

罗沛霖说："是时候回国了，钱教授！中国共产党领导的新中国，将会是一个非常好的国家。在延安那里，毛主席那么亲和，他穿土布棉衣，吃老百姓吃的饭菜。那里的兵和民十分友爱，没有阶级，没有剥削。多么美好的生活！"

钱学森对新中国充满了期待之情，迫切地想回祖国感受新生活。

不久后，中华人民共和国成立了！消息漂洋过海传到了美国。中国的留学生们欢呼雀跃。钱学森与罗沛霖、庄逢甘等十几位中国留学生一起吃着月饼，庆祝新中国的成立。他们一起畅谈着要早日回国的话题。夜里，钱学森翻来覆去不能入睡，对蒋英说："咱们回中国，回祖国去，那里需要我。"蒋英满含热泪地点头。

圣诞节前，钱均夫来信告诉钱学森祖国已经发生了翻天覆地的变化，希望他早日回来，"生命仰有根系，犹如树木，离不开养育它的一方水土。唯有扎根于其中，方能盛荣而不衰败。生命之根，当是养育汝之祖国"。"是啊，我的根在中国，我要回去。"钱学森心里想。钱均夫还说："医生敦促，需要做第二次手术。为父担心就此不起，愿早日见儿一面……"多年来不曾在父亲身边尽孝道的钱学森得知父亲又要做手术，心里很内疚，他想他必须得回去，为了父亲，更为了祖国。可是，这时蒋英正是怀孕期，行动不便，于是，钱学森决定先与罗沛霖在 1950 年一同回国看望父亲，之后全家人再找机会回国。

后来的 1951 年 10 月 9 日，美国移民局颁布了禁止中国留学生出境的命令，这份命令规定理、工、农、医科的留学生不能回红色中国，如果违反规定，将罚款 5000 美元或者处 5 年以下徒刑。政局的变化打乱了钱学森彻底回国的计划。

归途多舛

可能是美国因为中华人民共和国的成立而掀起了反共的浪潮。1950 年 2 月 9 日，美国参议员约瑟夫·麦卡锡宣称已经掌握了一份 205 人的共产党的名单，这震惊了美国政坛。后来名单人数由 205 人减至 81 人，最后减至 57 人。从这时候开始，美国就开始了所谓的"清共运动"，这就是"麦卡锡主义"。很多无辜的美国人与外国人，在这时被当局调查，受到迫害，其中就有钱学森及他的朋友们。

钱学森准备回国看望父亲，他去找院长杜布里奇请假，他说："您应该知道我在中国有年迈的父亲。我已经很久没有见到他了。当然，打仗的时候，我是不可能回去的。但是现在我也许可以回去了。而且我的父亲要做手术，我准备请假回国。但是，请假的时间长短我不能具体告诉您，这取决于我父亲的健康，大概是几个月。"杜布里奇听后，考虑到钱学森请假的理由合情合理，便同意了他的请假要求。就这样，钱学森满心欢喜地做着回国的准备。

然而，就在 1950 年的 6 月 6 日，两名联邦调查局的人员来到钱学森在加州理工学院的办公室。

这两名联邦人员，身着黑色西服，露着凶狠的目光，恶狠狠地对钱学森说："你曾经在加州理工学院与威因鲍姆、马林纳等人一起参加的活动是共产党的活动。我们有足够证据表明你是

1939 年美国共产党帕萨迪纳第 122 教授小组的成员，而且现在你依然是共产党员。"

这时，钱学森一头雾水，他不知道他们说的事与自己有怎样的关联，但是他坚决否认自己是共产党员。

"你不要说谎了，你就是共产党。如果你否认，那就先让我们问你几个问题。"其中一个人说，"你认识威因鲍姆吗？"

钱学森回答认识。

"那就对了！威因鲍姆有很大嫌疑是共产党人，你也参加了他的共产小组的活动？"

"我参加了威因鲍姆组织的活动，但我只是因为我们之间有共同的爱好而参加的，并非是参加共产小组的活动。"

"那你认识约翰·德克尔这个人吗？"

"不认识。"

"钱教授，你一直在狡辩，其实你就是约翰·德克尔！"

钱学森坚决地说："我不是共产党人，更不是约翰·德克尔！"

两名联邦人员听完后，互相看了看，然后耸耸肩，又相互对视几秒，随后他们说："我们希望你能配合我们，帮我们指证威因鲍姆是共产党人。"

钱学森对联邦人员的要求表示不同意，他很愤怒，他不可能出卖朋友，他斩钉截铁地告诉他们："威因鲍姆不是共产党人，我也不会去指证他。"

他们就这样结束了不愉快的对话。钱学森对这样的污蔑十分恼火。

原来，威因鲍姆是钱学森在火箭俱乐部的朋友，他们是这样认识的：钱学森加入火箭俱乐部后，在1937年秋，他通过马林纳介绍，参加了马列主义学习小组，认识了该小组的书记、化学物理助理研究员威因鲍姆。钱学森十分愿意与和自己志同道合的同学结为朋友。钱学森喜欢读书也喜欢音乐和画画，威因鲍姆对音乐也很感兴趣，马林纳又喜欢画画，于是他们三人便成了好朋友。在这个小组中，他们一起读过英国 J. S. L. 斯崔奇的一本书，还有恩格斯的《反杜林论》。除此之外，他们还一起讨论如反法西斯和人民阵线的时事，参加过几次美国共产党总书记 E. 白劳德的演讲。钱学森只想获得多方面的知识，虽然他参加过由美国共产党组织的演讲活动，但是

坎坷归国路 第三章

他并不是共产党，他更不知道这个读书会里的成员大多数都是共产党。

更让钱学森觉得蒙受奇耻大辱的是他竟然被当局吊销安全认可证，被禁止参加任何与美国军事机密相关的研究工作，这也就等于让他放弃了所有他可以从事的工作。钱学森愤怒极了！这时，他想他必须离开美国，回到祖国！

1950 年 6 月 16 日，威因鲍姆在家中被捕。随后，联邦调查局成员再度找到钱学森进行询问。钱学森愤怒地望着他们，然后把一份声明给他们，"当年我成为一名受欢迎的客人的情境已经不再了，一片怀疑的乌云扫过我的头上，因此，我所能做的事就是离开"。钱学森决定辞职了。他向加州理工学院工程系主任提出辞职请求。6 月 22 日，美国报纸的头条新闻报道了这件事情，报道称，钱学森的亲密朋友威因鲍姆博士已经在帕萨迪纳的家里被捕，理由是他向陆军工业人员调查局发假誓，说他自己不是共产党员，并且宣布对威因鲍姆博士的审判将在 8 月间进行。美国媒体的报道让钱学森更加愤怒。

26 日，钱学森的女儿钱永真出生，这给处在苦恼中的钱学森带来了一些欢笑。

27日，美国总统杜鲁门发表声明，宣布武装干涉朝鲜，并决定以武力阻挠中国人民解放台湾，美国第七舰队向台湾出动。美国与中国的关系变得紧张起来。

更令人匪夷所思的是，7月，钱学森竟然被无缘由地取消了参加机密研究的资格，这严重伤害了他的自尊心。他去找杜布里奇院长进行申诉，杜布里奇建议他向法律部门提起上诉，钱学森听完，沉默了。他心里深深懂得这场官司打赢的可能性实在太小，并且他的骄傲告诉他没有任何必要向美国司法当局申诉自己不是共产党人。之后，他去见了加州理工学院工程系主任林威尔博士，他说："我觉得我在美国已经很不受欢迎了，我要回国了。"林威尔对此表示很惊讶，他说："对您的事情，我表示很震惊，也很遗憾。您怎么可以离开，这里才能发挥您的才能！如果您离开了，那对美国实在是一个巨大损失。"

这个时候，杜布里奇极力挽留、帮助钱学森。他利用自己与白宫相关人员的亲密关系，帮助钱学森取得了一次华盛顿的听证会。杜布里奇希望钱学森在这次听证会上洗清自己这些"罪名"，他还建议钱学森拜访美国海军副部长丹尼尔·金贝尔。钱学森听了杜布里奇的话后，带着希望去找金贝尔，可是金贝尔十分客气而又委婉地拒绝帮助钱学森，他只是建议钱学森去找波特律师。这样几经周折，钱学森在8月22日见到了波特，但令人难过的是，波特告诉钱学森，如果明天举行听证会，他将无法做好准备，建议将听证会推迟。这无异于取消听证会！钱学森在无望中选择尽快回国，他迅速地订好8月28日回国的机票。

在做好回国的决定后，钱学森于23日再次去见金贝尔。他明确告诉金贝尔，因为美国无理由地取消他的安全认可证，他决定返回中国。在金贝尔心里，他一直坚信不疑地认为钱学森不会回到没有科研资金也没有科研设备的中国，所以，当他听到钱学森这样的决定时，仿佛晴天霹雳。他非常欣赏钱学森的才华，自然不想让钱学森离开美国，所以，当钱学森如此坚决地向金贝尔表明态度之后，金贝尔很震惊也很紧张。金贝尔赶紧说："钱先生，我们希望您能留下，您在这里将会取得举世瞩目的成就。""副部长先生，我不能再留在美国了，我必须回中国去。这里已经吊销了我的安全认可证，我所有的工作已经不能再进行，而且贵国已经下达了对我的驱逐令。我在这里已经不再有需要留下的理由了。"这时，金贝尔才知道事情已经发展到这种地步。钱学森又附一句："我必须回中国。"这句话直刺金贝尔的心里，金贝尔已经无计可施。谁知，金贝尔的面孔突然转变，他恶狠狠地说："你不能走，你太有价值了！"钱学森听后，心里一阵冰凉，站起来，头也不回地走了……

钱学森走后，金贝尔打电话给移民局，说："他太有价值了！我宁可把他枪毙了，也不能让他回去！他知道所有美国导弹工程的核心机密，一个钱学森抵得上五个海军陆战师，我宁可把这个家伙枪毙了，也不能放他回红色中国去。"

就这样，金贝尔的一席话给钱学森之后的生活带来巨大的困扰，司法部和移民局立刻开始对钱学森进行监视与控制。

钱学森刚下从华盛顿到洛杉矶的飞机，移民局的官员便上前交给钱学森一份"禁止离开美国"的公文，上面写有"凡是在美国受过像火箭、原子能以及武器设计这一类教育的中国人，均不准离开美国。因为他们的才能可能被利用来反对在朝鲜的联合国武装部队……"钱学森无比愤怒。他失落地回到家里，做下一步打算。他首先取消回国的机票，然后去海关取回自己准备打包回国的行李，因为在去华盛顿之前，他就把自己的书籍、手稿、笔记本等交给了托运公司，准备用轮船托运到香港，再转到父亲那里。结果，当他到海关之后，才知道他的行李被扣查了，原因是他的行李中有美国机密文件……

这样的噱头真的很荒唐！钱学森早已把有关涉密的文件锁在了办公室的一个文件柜里，并把钥匙交给了同事克拉克·米立肯教授。其实，只不过是因为打包公司的工人在给他的行李打包时看到了"机密"字样，以为是机密文件，便把这一事情告诉了美国联邦调查局。可笑的是联邦调查局、空军调查局，以及一些美国国务院的官员们对此信以为真，并对这些行李进行了专门的"研究"。钱学森的这些书籍和笔记本加起来一共800多公斤，里面有中、英、德、俄文的剪报、藏书、手稿、文件等。这些研究者竟然把这些"行李"拍了12000多张照片！这让人哭笑不得。他们还通知媒体，让媒体报道钱学森作为一名共产党人决定带机密离开美国这件事。钱学森不甘被羞辱，他回应说："我想带走的只是一些个人的笔记，其中多数是一些我上课的讲义，以及未来我研究所需要的资料。我一点也不打算带走任何一点机密，或者试图以任何不被接受的方式离开美国。这里头没有重要书籍、密码书籍或者蓝图，那只是一些草图、一些对数表，不过这可能被误认为是密码或暗号。"事实上，美国联邦调查局并不认识对数表，这只是他们闹的乌龙罢了。后来，《纽约时报》也报道："这些行李里的印刷品，经联邦调查人员检查后，并无列入秘密的文件。"

可是，在他的行李中，联邦调查局搜到一张钱学森化名"约翰·德克尔"的美国共产党员登记卡，但是这张卡片上并未有他的签名，所以也不能证明他是共产党员。

即便这样，美国联邦调查局仍然没有放弃对钱学森的调查。就在 9 月 7 日傍晚，联邦调查局的探员朱尔和洛杉矶移民归化局的稽查比尔·凯沙来到钱学森家。听到门铃响后，蒋英告诉钱学森去书房，不要出来，然后她便抱着孩子去开门。他们说："我们要找钱学森，他因'企图运输秘密的科学文件回国'被逮捕了。"钱学森听后，从书房里镇定地走出来。他压制住内心的怒火，告诉蒋英："他们让我跟他们走。"蒋英懂了，瞪着他们，然后给钱学森收拾一些生活用品以及简单的书本。钱学森仿佛知道迟早会有这么一天到来一样，很轻松地跟着他们走了，并因此很无辜地过了 15 天的监狱生活。

钱学森被带走了，蒋英怀抱里的孩子放声大哭。这时，蒋英并没有乱作一团，她哄着孩子，告诉孩子不要哭，不要怕。她要撑起这个家，还要营救钱学森，于是，她赶紧给加州理工学院打电话，告诉校方钱学森被逮捕的事情。

钱学森被关押在特米诺岛上的一个拘留所里，这里关押的大都是墨西哥的越境犯。还好因为钱学森是著名的科学家，联邦调查局给了他一间可以洗浴、生活条件相对好一点儿的单独牢房。但是，钱学森在监狱里禁止跟人交谈，夜里守卫隔 15 分钟就亮灯检查一次他有没有逃走，他完全不能休息好。15 天之后，他竟然瘦了 30 磅（将近 28 斤）！不仅如此，他的心灵更是受到严重的创伤。他是一个无辜的科学家，却遭受如此对待！就连金贝尔后来都说："你知道我并不是说他该被逮捕，那太糟糕了，他并不是共产党人，囚禁他是没有理由的。"

当钱学森遭受监狱之苦时，蒋英还有钱学森的友人们在积极地营救他。经过努力，蒋英获得了一次探监的机会。就在蒋英看到钱学森时，她难过极了。这时的钱学森很憔悴，脸色苍白，头发乱糟糟的……昔日大科学家的风采荡然无存。更严重的是他不习惯说话了，他一直在听蒋英说话。蒋英看到钱学森这样的状态，她心里在怒喊："曾经为美国做出巨大贡献的科学家竟然成了阶下囚，这是为什么？公理在哪里？"

钱学森是无辜的，各种舆论联合声讨美国联邦调查局。迫于舆论的压力，联邦调查局在 9 月 18 日让钱学森写下没有得到杜布里奇与金贝尔的书面同意，决不离开美国的约定。两日之后，钱学森在特米诺岛的移民局，接受 8 名官员的审讯。为钱学森进行辩护的是加州理工学院的古柏律师，最后钱学森的"间谍罪"并不成立，但是，钱学森能够出狱的条件是需要交出 15000 美元的保释金。这真的是天价！尽管如此，钱学森的朋友们都纷纷出手相助，终于在 22 日，钱学森获释。当蒋英去接钱学森时，钱学森一言不发，蒋英问他什么，他也只是点头和摇头……

钱学森被逮捕的消息，很快传到了国内，这

引起国人的愤怒与抗议。9月24日，李四光以中华全国自然科学专门学会联合会主席的名义，发表声明——《抗议美帝非法拘捕我科学家钱学森等》。25日，郭沫若以中国保卫世界和平大会委员会主席的身份，致电世界和平大会委员会主席居里博士，表示抗议美国的行为。30日，国内的叶企孙、钱三强等189名中国科学家发表联名抗议，文章刊登于《人民日报》。文章中说："我们以无比的愤怒抗议美国政府非法地扣押将自美返国的钱学森博士，在日本的美占领军当局无理地扣留了返国途中的赵忠尧教授和罗时钧、沈善炯两位同学。我们认为这一连串的侵犯人身自由的暴行是美国帝国主义者想尽种种方法决心与中国人民为敌的又一次表现，既卑劣又疯狂。"还有来自全国各地的科学工作者都纷纷发文，谴责美国的暴行。

钱学森获释了，他仿佛自由了，但是实际上更加不自由了，因为他这时开始了被监视的生活。移民局规定钱学森每个月都要到帕萨迪纳移民局登记，还要对他进行随时的审讯，如果他想出洛杉矶也需要经过申请、批准。住所有人监视，电话有人监听，信件有人先行翻阅……

在被监视的日子里，钱均夫写信安慰钱学森："吾儿对人生知之甚多，在此不必赘述。吾所嘱者：人生难免波折，岁月蹉跎，全赖坚强意志。目的既定，便锲而不舍地去追求；即使弯路重重，也要始终抱定自己的崇高理想。相信吾儿对科学事业的忠诚，对故国的忠诚；也相信吾儿那中国人的灵魂永远是觉醒的……"钱均夫在儿子人生的重要时刻，总是能给出满满的鼓励与力量。钱学森正是凭着坚强的意志熬过了 5 年。这 5 年里，他经常换住所，很少联系朋友，他们的 8 大箱行李从未被打开过，他们时刻准备着回国……

漫漫等待

1951 年 4 月 26 日，帕萨迪纳移民局竟然通知钱学森，认定他曾经是美国共产党员，按规定，美国必须驱逐有意颠覆本国政府的外国人，所以，钱学森按他们的说法应该被驱逐出境。可是，美国政府却担心钱学森回中国会对美国不利，而对钱学森实行不允许自由离境的政策。钱学森就这样硬生生地被扣留在美国。

钱学森没有任何办法，他从 1953 年 3 月开始，每个月去移民局亲自画押，历时两年多，共去了 31 次。

除了亲自画押之外，联邦调查局特务们还变着花样地来钱学森家里看他是不是在家。有时特务们敲开钱学森家的门后，看到是他本人，就会说："对不起，先生，我敲错门了。"有时特务们会佯装成记者，说："钱先生，我是某某报纸的记者，我想采访您出狱之后的生活。"这些伎俩，钱学森早已看明白，他很不客气地对付这些特务们，将他们"骂"得抬不起头来，比如他说"你们怎么老用一些小孩子的把戏来对付一位教授""我从来不读那么低级趣味的报纸"，等等。后来，特务们就改为在远方对钱学森进行监视，但这更是恼人，因为钱学森他们一家人没有办法正常出行，就连带两个孩子出去玩儿，他们也只能在街上转一圈就回来，孩子们童年的乐趣也只能是在房子里做游戏。

风华正茂的蒋英，也逼不得已放下歌唱事业，在家做起了全职保姆的工作。她不想请保姆，因为她懂得一旦请了保姆，联邦调查局就会审问保姆，这无非是又给他们的生活增添了一把枷锁，他们的事情也会因此被泄露出去，于是，她甘心情愿地忙碌于买菜做饭、照顾孩子与丈夫的生活琐碎中。

即便美国政府给钱学森安了一个莫须有的罪名，但是加州理工学院仍然对钱学森很信任。钱学森于 1951 年 4 月回加州理工学院任教，给学生们讲关于物理力学的新课。

钱学森夫妇这时很少邀请朋友们来家里做客，因为他们怕给朋友们带来麻烦。每当有朋友或者学生即将回国时，如果有机会，钱学森总会找他们谈一谈。1954 年，他的学生郑哲敏即将回国，来他家辞行。钱学森语重心长地嘱咐郑哲敏："你回国后，一定要拿自己学到的知识去报效祖国啊！回去后，你别忘了搞研究，尤其是研究运筹学与力学，因为这两个中，一个是新学科，一个能对我国国民经济起帮助作用……"郑哲敏听完老师的话很感动，他说："钱教授，您放心，我会带着您的期望尽我最大能力去报效祖国的。"

钱学森在监视中还继续进行科研。他高度关注物理力学领域，1953 年发表《物理力学——一个工程科学新领域》的论文，几年后他还出版了一本《物理力学讲义》。钱学森是首位把物理力学当成一门新兴学科加以发展的科学家。更值得一提的是，这段时间，钱学森写出了《工程控制论》，并在 1954 年秋天由美国麦格劳·希尔图书出版公司出版。之所以写这本书是因为在被监视期间，钱学森为转移美国当局的注意力而减少当局对他的监视，他便转向了对工程控制论的研究。他用 3 年多时间写成了 30 多万字的英文著作——《工程控制论》。他把控制论运用于对工程中自动控制系统的设计与分析中，此书成为工程控制论的重要奠基石。美国一位专栏作家评论钱学森的《工程控制论》将实践与理论集于一身，为工程控制论碾出一条新途径。

《工程控制论》出版后，钱学森夫妇在家中举行了一个愉快的晚会，马勃博士、德普利马博士、温克尔先生等都来参加了。钱学森举杯跟大家说："谢谢各位朋友，谢谢你们，我的《工程控制论》的出版，真的要感谢大家对我的信任与帮助!"随后，大家都万分感慨而又十分佩服钱学森这一时期的成就。在高兴之余，钱学森也十分惆怅，他不知道何时才可以结束这样的日子。

就这样，他们熬过了漫长的 5 个年头，终于在 1955 年的一天，钱学森夫妇等到了可以回国的机会。那天，有位在超市送货的华人给钱学森家里送来他们电话订购的蔬菜，结果垫在蔬菜最下面的是一张英文的《人民日报》。钱学森仔细看了那张报纸。他看到毛泽东等党和国家领导人在北京天安门广场庆祝"五一"，他还看到陈叔通（父亲的好友）也在其中。接着，他又从报纸上读到中美两国正在就彼此扣留的公民回国的问题进行谈判。钱学森不禁开心起来，他想这或许是一个可以帮助他回国的办法。他赶紧喊蒋英，跟蒋英商量怎么办。他们想如果能求助于陈叔通，那么就能够获得国家的援助了，他们决定赶紧写信告诉陈叔通目前他们的状况。钱学森马上执笔写下了一封满含深情的求助信：

> 叔通太老师先生：
>
> 　　自 1947 年 9 月拜别后久未通信，然自报章期刊上见到老先生为人民服务及努力的精神，使我们感动佩服！学森数年前认识错误，以致被美政府拘留，今已五年。无一日、一时、一刻不思归国参加伟大的建设高潮。然而世界情势上有更重要更迫急的问题等待解决，学森等个人的处境是不能用来诉苦的。学森这几年中唯以在可能范围内努力思考学问，以备他日归国之用。

但是现在报纸上说中美交换被拘留人之可能，而美方又说谎谓中国学生愿意回国者皆已放回，我们不免焦急。我政府千万不可信他们的话，除去学森外，尚有多少同胞，欲归不得者。从学森所知者，即有郭永怀一家（Prof. Yong－huai Kuo, Cornell University，ithaca，N. Y.），其他尚不知道确实姓名。这些人不回来，美国人是不能释放的。当然我政府是明白的，美政府的说谎是骗不了的。然我们在长期等待解放，心急如火，唯恐错过机会，请老先生原谅，请政府原谅！附上《纽约时报》旧闻一节，为学森五年来在美之处境。

在无限期望中祝您康健！

钱学森谨上

1955 年 6 月 15 日

写完信后，蒋英说："为了这封信不落到美国政府那里，我觉得还是先寄到我妹妹那里吧，然后再让她寄给陈叔通。"钱学森欣然同意，因为蒋英的妹妹当时在比利时，由美国寄往比利时的信并不会像寄往中国那么受关注。钱学森再三思考，对蒋英说："信封上的地址就由你来写吧，这样特务们就认不出是我的字迹了。"然后，蒋英就用左手模仿儿童笔迹写上了妹妹的地址。

他们找机会寄出了这封信。6月15日，他们一家四口在一个大商场外面溜达，看到了商场的咖啡馆里有邮筒。钱学森和蒋英会心一笑。钱学森让蒋英一人走进商场，他留在外面，引开特务们。就这样，蒋英顺利地把信投了出去。

陈叔通收到信后，立即把信交给了周恩来。周恩来看完信后把代表中国参加日内瓦会议的中国大使王炳南叫来，告诉他一定要拿着这封信让钱学森安全回国。王炳南是如何做的呢？中美在1954年开始有外交接触，当时是互换两国在对方国的扣押人员。1955年8月1日下午4时，由周恩来领导的中美会谈指导小组在日内瓦会议上与美国进行会谈。会上，王炳南指出，中国政府已经释放11名美国在中国的间谍，美国大使约翰逊就此表示感谢。第二天，王炳南特别指出中国还有留美学者被限制在美国。约翰逊虽然表示否认，但是当王炳南出示了钱学森的求救信后，约翰逊很尴尬。会后，约翰逊便把此事告知了美国政府。在8月4日的第三次会谈上，美方同意钱学森回国。8月5日，美国移民局正式通知钱学森可以离开美国，回到中国了，但是，条件是他们需要被美国押送回去，如果沿途下船遇到安全问题，美国方面一概不负责。

钱学森接到可以回国的通知后，心情异常激动与开心。漫长的 5 年等待终于熬到了尽头。他们赶紧订回国的机票，却发现近期的机票都已订完，于是，他们改坐"克利夫兰总统号"轮船，订票的时候发现也仅有三等船票。他们顾不得那么多，只要有船票可以回国就行。其实头等舱、二等舱的船票都有，只是轮船公司不卖给他们而已。

回国前，钱学森带着妻子和孩子们向恩师冯·卡门辞行。钱学森对恩师说："亲爱的老师，我是来向您辞行的。移民归化局已经准许我回国了。"说完，他把《工程控制论》与《物理力学讲义》作为礼物送给恩师。74 岁高龄的冯·卡门翻看书后说："你现在在学术上已经超过我了，回你的祖国效力去吧，科学是不分国界的。"钱学森听完既激动又难过。冯·卡门还把一张他的照片送给钱学森，在照片上，他写下了"不久再见"这几个字。事实上，他们终究还是没能再见。

9 月 17 日，他们踏上了回国的旅程。临行前，许多记者来采访钱学森。他斩钉截铁地告诉记者："我不打算要回来，我想尽我最大的努力来协助中国人民建设一个能令他们活得快乐而有尊严的国家。"就这样，钱学森离开了美国。

钱学森走后，杜布里奇说："我们知道，他回去不是种苹果树的。"金贝尔说："我们终于把他逼走了。这是美国有史以来做得最愚蠢的一件事！他根本不是什么共产党，是我们逼他走这条路的。"冯·卡门说："美国把火箭技术领域最伟大的天才、最出色的火箭专家钱学森，拱手送给了红色中国！"

归国的途中，轮船在多个港口短暂停留，而每到一个码头，都会有记者去采访钱学森。途经马尼拉时，一位菲律宾女记者问钱学森为什么想回到中国去，钱学森说："我希望中国人民能够真正过上有尊严的幸福生活。"他归国之后，也是这样做的。

第四章
报效祖国

游子归来

10月8日，钱学森他们抵达香港。在九龙火车站候车室里，记者们见到钱学森后，蜂拥而上，向他提出一系列问题。有记者问："在美国时是否经常有人监视？"钱学森回答："有没有监视我，只有美国人才知道！"有人问："什么原因使你在美国行动受到限制？"他回答："什么原因？请你问美国政府吧！"还有一个记者用英语向钱学森提问题。钱学森说："对不起，现在我要说中国话了！"之后，钱学森他们便乘火车离开香港，经罗湖口岸踏上祖国大陆。

离开香港前，钱学森写下了这样一段话："今天我们重新踏上祖国的土地，觉得无限地愉快和兴奋！过去四五年来，因为美国政府无理的羁留，归国无期，天天在焦虑和气愤中过活。现在靠了我国政府在外交上严正有力的支持，和世界爱好和平的人民在舆论上的援助，我们才能安然返国。我们向政府和所有帮助我们的人民致谢。"从此，钱学森新的生活真正开始了！

中国科学院代表朱兆祥和广东省政府交际处一位姓邵的副处长赶到深圳接钱学森，见到西装革履的钱学森后朱兆祥说："钱教授，您好！我们政府以及中科院派我来深圳接您。中科院已经决定成立力学研究所了，所长就是您，副所长是钱伟长。"钱学森听后说："好啊，我们也要发展力学，我们也能发展得很好！"

8日晚，钱学森一行抵达广州。广东省委书记陶铸接待了钱学森及其家人。第二天，陶铸宴请了钱学森，并陪同他在广州游览，参观了苏联经济及文化建设展览会与毛泽东在1926年于广州讲课的地方——农民运动讲习所。晚上，中华全国自然科学专门学会联合会又为钱学森举办了欢迎宴会。仅仅一天，钱学森看到了与往日大相径庭的新中国，他觉得这实在不可思议。他告诉陶铸他们，他回到祖国，看到日新月异的祖国非常开心。10日，朱兆祥陪同钱学森一家坐上了回上海的火车。

12日，他们抵达上海。钱学森带着蒋英和孩子们见到了74岁的老父亲，一家人终于团聚了。这时的钱永刚已经7岁，钱永真也已经5岁，钱学森他们已有8年没回来过了，这次是真的回来了！两个孩子见到爷爷后，按照父母的教诲，用一口普通话说："爷爷好！"钱均夫高兴极了，他日夜期盼的孩子们终于全部回来了，而且他还见到了自己的孙子、孙女。钱学森见到父亲后，眼里含着泪，叫了一声："爸爸。"钱均夫拉着钱学森说："回来就好，回来就好啊！"他知道儿子喜欢油画，但因为没有太多的钱，就买了一套儿子所喜爱的"中国历代名画"的复制版送给儿子。在一旁的蒋英看到这一幕，感动地流下了泪。13日正好是钱永刚的生日，他们一家人（钱均夫、钱学森夫妇、钱永刚、钱永真、钱月华）按国内的风俗，吃面庆生，合影留念。

这时候钱均夫与钱月华居住于上海愚园路的家中，因为房间狭小，朱兆祥就安排钱学森夫妇与孩子们住在离家步行只有几分钟的宾馆里。即便离得这么近，为了保障钱学森的安全，朱兆祥还是专门派车接送他们往来于家和宾馆之间，这让钱学森他们倍感温暖。

这次一家人终于全部回来了，钱学森忘不了带着孩子们去祭奠母亲。15日那天，他们一家人回到杭州，游览西湖，再回方谷园，感慨万千。祭奠母亲，钱学森想到的是母亲的音容笑貌以及母亲的教诲，还有母亲在自己小时候的陪伴，长大之后母亲带着自己在西湖边的游玩，自己生病时母亲的着急……想到这一幕幕，钱学森不禁跪在了母亲坟前，声音颤抖地说："母亲，儿子回来看您了！您看，您的孙子、孙女都这么大了……"蒋英把他扶起来，说："学森，我们回来了，要报效祖国，这样母亲也会欣慰的。"他点点头。

之后，钱学森参观了浙江大学、交通大学。他看到新中国成立后学校井然有序，环境优美，既高兴又欣慰。他被同学们的热情所感染，他与老师、学生开座谈会，谈自己的经历与回国的感受，并且告诉大家我们祖国的科技发展将有很大空间。

学成归来，他渴望着报效祖国。与父亲短暂相聚后，他便带着蒋英与孩子们告别父亲，在朱兆祥的陪同下前往首都北京。28日，中国科学院副院长吴有训和首都著名科学家华罗庚、周培源、钱伟长、赵忠尧等 20 多人在火车站迎接他们。钱学森又见到了自己的一些老朋友和著名的科学家们。他与他们握手、拥抱，一起谈论祖国的科学技术。这一幕仿佛当年他赴美留学时的意气风发那样，他们要一起为祖国的科技事业加油鼓劲儿！

钱学森一家人住在离天安门广场很近的北京饭店的 256、257 房间。第二天清晨，钱学森携全家很早来到天安门广场看五星红旗升起，瞻仰毛主席像。面对新中国与全新的生活，他说："我相信我一定能回到祖国，现在，我终于回来了！"当天，钱学森带着孩子们在新北京城里逛街。孩子们对北京城十分喜爱，他们问了好多关于北京城的问题。钱学森拉着孩子们，边走边说他小时候在北京城的故事。

回国后的钱学森，那个在外遭受不公正待遇的科学家，体验到的是祖国给他的温暖与真诚。于是，从回国这一年开始，他便有了一个明确的方向——为了祖国科技的强大，倾其所有的智慧与汗水。

就在 10 月底，钱学森与钱伟长、吴仲华、胡海昌、朱兆祥、郑哲敏等人坐在一起，研讨成立力学研究所的事情。钱学森说："我们国家的力学研究还未起步，但是力学是一项很重要的研究，美国还有苏联等国家都在这方面取得了不小的成就，我们要抓紧时间追上他们啊！"他们深感时间紧，压力大，但都下定决心要大干一场。11月1日，郭沫若宴请钱学森。席间，吴有训就将成立力学研究所的任务交给了钱学森。钱学森接受了这项沉重的任务，他报效祖国之路开始了！

钱学森先对我国的科技、学术单位进行了一番考察。他在北京参观中国科学院应用物理研究所等研究单位，以及北京大学、清华大学、中央民族学院和中央音乐学院等高等学校，还去国营北京第一棉纺织厂，参观工厂车间、职工宿舍与食堂、职工子弟小学与托儿所等。参观完后，他对同行的人说："我看到了伟大祖国正在进行的社会主义建设事业，这一事业的规模之大，是我过去从未想到过的。每参观一处，这里的负责人都会跟我谈起技术人才的重要性，可是我们目前的技术人才还很少啊！所以我们得赶紧培养一批新的技术人才，还要争取让在国外的留学生们早点回来。"

除了参观北京之外，他还去中国的重工业基地——东北参观了整整一个月（11 月 22 日至 12 月 21 日）。这次东北之行由朱兆祥陪同，他们先从哈尔滨开始，一路向南，参观了全国最大的钢铁厂、煤矿、水电站、炼油厂、冶炼厂、化工厂、汽车厂、飞机厂等，以及这里的一些大学、研究所。

东北之行的第一站是哈尔滨，这也是最重要的一站。11 月 23 日，他们抵达哈市。初到哈尔滨，钱学森就被这里漂亮的俄式建筑所吸引。他们在哈尔滨所住的旅馆同样也是俄式的建筑。钱学森一边打量这种俄式的建筑，一边思考我们的同胞当年承受外国势力多大的欺凌，对他来说，正有些感同身受。

怀着这样的心情，他们参观了东北烈士纪念馆。这是一所欧式建筑，曾是伪满警察厅的旧址。当时许多共产党人和爱国志士在这里受到严刑拷打，抗日女英雄赵一曼就是其中的一人……他们在那里倾听着讲解员的细细讲解，心里很不是滋味，必须要强大起来，我们的祖国！

在这里，钱学森还偶然地参观了哈尔滨军事

工程学院。钱学森记得他的学生罗时钧和庄逢甘在哈尔滨一所军队大学任教，就跟朱兆祥谈起此事。后来得知这所学校正是哈尔滨军事工程学院。既然来到了这里，钱学森就想趁机会见见他们，但是学校规定只有省委委员以上的干部才能进入学校进行参观。朱兆祥有些为难，然后他向上级领导汇报此事。令人意外而且惊喜的是哈尔滨军事工程学院院长兼政委的陈赓得知此事后，第二天便乘飞机从北京来到哈尔滨。见到钱学森后，陈赓说："我们军事工程学院打开大门来欢迎钱学森先生。对于钱先生来说，我们没有什么密要保的。"这令钱学森十分感动。

陈赓亲自带钱学森参观哈军工。令钱学森开心的是，他见到了罗时钧、庄逢甘，还见到老同学梁守槃、马明德、岳劼毅。在岳劼毅教授的指引下，钱学森参观了风洞实验室，实验室里的设备十分干净、整齐。看完后，钱学森说："了不起啊，你们的空气动力学研究已经走在全国的前列了。"

他还参观了炮兵工程系、空军工程系、海军工程系等。他与任新民、周曼殊、金家骏谈得十分投机。这几个人在钱学森来参观之前，就已经给陈赓写了一份关于提出我国应当重视研制火箭武器和发展火箭技术的长报告。钱学森来这里参观，他们几个人十分激动，也十分珍惜见面的机会，向钱学森请教报告中的一些问题。任新民还向钱学森介绍固体火箭点火试车的试验，说："不怕钱先生笑话，我们做比冲实验，方法很原始，另外用火箭弹测曲线，也是笨办法上马。"钱学森对中国已经开始进行火箭研究表示惊讶与称赞，他说："任教授是你们的火箭专家，我今天有幸认识了他！"从此之后，钱学森与任新民开始了愉快地合作，并结下了深厚的友谊。

钱学森刚说完，陈赓赶紧说："钱先生，你看我们中国人能不能搞出导弹？"钱学森不假思索地说："有什么不能的？外国人能造出来的，我们中国人同样能造出来。难道中国人比外国人矮一截不成？"陈赓笑道："钱先生，我就要您的这句话！"钱学森的这一句话说出后，我们国家的导弹事业才开始萌芽。多年之后，钱学森才知道，他的这一句话也正是周恩来总理和彭德怀元帅所想要的答案，陈赓去接见钱学森也正是这两位领导的指示。

当天晚上，陈赓在大和旅馆宴请了钱学森。

因为他们谈的都是高度机密的内容，所以陈赓并未邀请当地官员，参加的人也并不多，只有钱学森、朱兆祥和一行的军人。他们谈的正是如何研制我们国家的导弹的问题。大家细心听取钱学森的意见，钱学森告诉大家："我们国家的导弹技术还很薄弱，相关的材料也很少，所以我们导弹的射程应该是短程的，在 300 千米至 500 千米之间。我们先需要在两年内解决弹体和燃料的问题，学会自动控制技术。"听完，陈赓说："钱先生的话，给了我们信心与研究的方向，我们一定要搞出自己的导弹！"从这一天开始，我们国家的导弹研制工作就提上了日程。

除哈尔滨之外，他还参观了长春、吉林、沈阳、抚顺、鞍山，最后一站是旅大市。他还在哈尔滨工业大学、东北科学院长春综合所（今中国科学院长春分院）等进行了三次座谈。他告诉老师和学生要扩大力学范围，应加入弹道学、物理力学、稀薄气体力学、化学流体力学、电磁流体力学（等离子体力学）、自动控制理论、原子能利用、工程经济理论、运输理论等。他还对科学研究与工业生产的关系做多次论述，特别强调理论工作在科学研究中的重要性。

规划献猷

对东北的考察结束后，钱学森回到北京，开始着手导弹的研制工作。

彭德怀十分重视导弹研制工作。陈赓在东北见完钱学森之后，立即向彭德怀做了汇报。由于彭德怀当时生病在住院，他希望钱学森回来后，能亲自向钱学森请教几个问题。彭德怀的这份心意由陈赓转达给了钱学森，在他们回来后，陈赓便陪同钱学森去会见彭德怀元帅。那是12月26日，钱学森第一次见彭德怀元帅。令他记忆深刻的是，彭德怀元帅谈话非常坦率、直接，彭德怀说："钱先生，今天找你来，我想谈谈打仗的问题。我们不想打人家，但若人家打过来，我们也要有还手之力。既然人家有了导弹，我们也应该有导弹。我们先易后难，从试制短程导弹开始。"彭德怀还问钱学森："钱先生，我们能不能搞短程导弹，需要多久，还需要多少资金，还需要什么材料？"

钱学森思考了片刻，说："我们可以搞出导弹！针对我国的现状，我们先搞出短程导弹。这需要先建立一支研制导弹的队伍，这样才能集中人力进行导弹的研制，还需要建立专门的工厂。

时间嘛，我想我们中国可以用 5 年时间制造出第一枚导弹。"

彭德怀听后，信心倍增，十分高兴，说："就是当掉裤子，也要上导弹！"之后，他说："钱先生，你给我讲些导弹的知识吧！"钱学森欣然同意。他就那么滔滔不绝地向彭德怀讲着。彭德怀虽然身体很虚弱，但还是认真地听着，最后，彭德怀紧握钱学森的手说："我们国家的导弹事业，就交给你了！"钱学森听后，十分感动，说："谢谢您的信任，我一定会尽我所有的能力，帮助国家早日研制出导弹！"

过了几天，陈赓代表国防部宴请钱学森，来参加宴会的还有解放军副总参谋长王震和总参谋部装备计划部部长万毅。席间陈赓说："现在我们不仅要搞原子弹，而且要搞导弹！"钱学森听后，说："我们要研制出自己的导弹。"

有了钱学森坚定不移研制导弹的态度，陈赓放下心来。陈赓授意任新民，让他向中央提出发展我军火箭武器和火箭技术的建议。12 月 27 日，中央军委便收到任新民等三人的建议，从此，火箭研制上升到国家事务的行列中。

彭德怀接见钱学森时，向钱学森提出过希望

钱学森可以给军队的高级干部讲课的要求，陈赓也提到过请钱学森给一些高级领导做演讲的事情，钱学森都牢记在心。他于1956年1月1日至3日，在北京总政排演场给解放军高级军官做了三次有关火箭导弹技术的演讲。贺龙、陈毅、聂荣臻、叶剑英等都来听讲。他们被这新知识吸引了，他们热血沸腾，想大干一场！我国导弹研制的工作由此开始紧张地运行起来。在这三场演讲中，钱学森告诉大家，我们国家应该先研究导弹，再研究飞机，原因是导弹的速度非常快，而且导弹相对于飞机来讲，是无人驾驶的武器，在技术上需要考虑的因素少一些。他的这些话让在座的诸位领导恍然大悟。他还给大家讲了许多导弹的知识，比如洲际导弹的指导原理等。钱学森回国后讲课的方式是深入浅出的，大家听起来觉得十分有意思。

其实在1955年的时候，钱学森就与钱伟长等人商量过成立力学研究所的事情，直至1956年1月16日，陈毅副总理批复成立力学研究所的报告，钱学森为第一任所长，钱伟长兼任副所长；郑哲敏负责弹性力学组，李敏华负责塑性力学组，林同冀负责流体力学组，林鸿荪负责化学流体力学组，钱学森负责物理力学组，许国志负责运筹学组。就这样，力学研究所的筹备工作开始了。钱学森在筹备大会上恳切地说："任何科学研究必须和实际结合，挑选课题应结合国家工业推进方向。因此我们在研究过程中一定要很快弄清哪些是主要之点，这样可以暂时忽略其中非主要点。我们还要开诚布公地讨论问题……"

钱学森还应邀参加毛主席举办的晚宴，这让刚从美国回来的他非常激动。那是 2 月 1 日，中国人民政治协商会议第二届全国委员会第二次全体会议召开后的晚上，毛主席举办宴会。钱学森不但参加了第二次全体会议，而且还应邀参加宴会。他早早地来到宴会场地，等着诸位领导的到来。他收到的请柬上标有他的座位在第 37 桌，所以他就到这桌来找他的位置，可是他在这桌上却没有看到自己的名字，他很困惑。问过服务员后才知道他的座位被换了，而且还换到了第 1 桌，即毛主席的右边。钱学森十分惊讶！后来他才知道是毛主席看完宴会名单后，亲自用红笔把钱学森从第 37 桌勾到了第 1 桌。

毛泽东看到钱学森后，说："学森同志，请坐这里。"钱学森坐在了毛主席的身边，他感到十分自豪。宴会开始了，毛泽东笑着对大家说："我要给大家介绍一下钱学森。他是我们的几个'王'呢！什么'王'？工程控制论王，火箭王。各位想上天，就找我们的工程控制论王和火箭王钱学森。"然后毛泽东转向钱学森，对他说："美国人把你当成五个师，我看你比五个师还强大。"钱学森看到主席如此亲切，对他这般器重，他心里感动极了，他暗暗发誓一定要为新中国的建设贡献力量，要早点儿搞出导弹。

三天后，叶剑英在景山西街的家中宴请钱学森夫妇，陈赓作陪。席间，他们几人一边吃饭一边谈论导弹。叶剑英对研制导弹所需物力、人力、机构的设置、计划的实施等问题都向钱学森进行了详细地询问，钱学森也一一做出了回答，并告诉在座的诸位，说他有自己初步的设想。听到这个，叶剑英和陈赓便很着急地希望钱学森能跟他们先讲讲。这样，钱学森就谈了他的想法。仔细听完钱学森的讲话后，叶剑英说："钱先生，希望您能来主持我们祖国的科学技术事业啊！"钱学森说："我在美国就梦想着早日回国，早日报效祖国了。现在我回来了，我一定会尽我所能来帮助祖国实现科学的强大的！"饭后，叶剑英对钱学森说："我们去找周总理吧，今天周末，我们把你的想法赶紧告诉他。"然后，叶剑英便带着钱学森去找周总理了。

周总理听完叶剑英的话后，朝钱学森走来，他笑着向钱学森嘘寒问暖。钱学森十分感动，他没想到一国的总理竟如此和蔼，对他如此关心，他的心里十分温暖。周总理说："学森同志，刚才叶帅向我谈了你们的想法，我完全赞成。现在交给你一个任务，请你尽快把你的想法，写成一个书面意见，以便交中央讨论。好吗？"钱学森望着和蔼的周总理，心里有万语千言，但他知道尽心尽力完成总理的愿望便是最好的回答，他告诉总理："好的。"虽然是看似简单的两个字，却字字重如千斤。

按照总理的要求，钱学森很快提交了他的《建立我国国防航空工业的意见书》。国防工业就是导弹、火箭。在意见书中，钱学森具体对领导机构、科技人员、生产工厂、重点研究方向等都做了论述。他还列举出需要如任新民、罗沛霖、庄逢甘、林津、胡海昌等 21 名导弹高级专家的名单。在 5 月 10 日，聂荣臻还提出了《关于建立我国导弹研究工作的初步意见》，建议在航空工业委员会下设导弹管理局，钱学森作为第一副局长兼总工程师；建议建立导弹研究院，这也就是后来的国防部第五研究院，院长是钱学森。

就在周恩来批示《建立我国国防航空工业意见书》的时候，钱学森还在同200多位科学家聚集在北京阜成门外的西郊宾馆，研究制订我国12年的科学规划，即《一九五六——一九六七年科学技术发展远景规划纲要》。在这项规划中，钱学森任科学规划综合组组长，确定我国科学技术任务。他亲自制订了第37项"喷气和火箭技术"的规划，他说喷气和火箭技术十分重要，"没有这两种技术，就没有现代的航空，就没有现代的国防"。他还具体从解决途径、具体进度、组织措施等方面提出"在12年内使我国喷气和火箭技术走上独立发展的道路并接近世界先进的科学技术水平"。郭沫若看完"喷气和火箭技术"之后，诗兴大发，为钱学森创作了一首诗：

赠钱学森

大火无心云外流，登楼几见月当头。

太平洋上风涛险，西子湖中景色幽。

冲破藩篱归故国，参加规划献宏猷。

从兹十二年间事，跨箭相期星际游。

钱学森读完郭沫若的这首诗后，心情愉悦，他十分喜欢这首诗，还把它一直挂在自己的书房。

5月26日，国防部五局与国防部第五研究院成立，也就是从这时候开始，国防部第五研究院开始致力于对中国火箭和导弹的研制。研究院成立，技术人才的问题怎么办呢？最后国家商调380名中高级技术人员，包括任新民、梁守槃、庄逢甘等30多名专家，以及100余名应届大学毕业生等到研究院，领导大家的是钱学森。导弹研制的准备工作在有条不紊地进行着。

致力力学

钱学森回国后，自己做研究的时间以及发文章的数量都较以前少多了，他把自己的知识全都倾倒在祖国的科技研究与发展上。他曾对学生说过，学生们每人发一篇文章，比他一个人发文章重要多了。这是他发自肺腑的话，他回国后便在源源不断地贡献他的知识和力量，并且他对我们的科学研究事业充满了信心，他认为我们中国的科技人员是非常了不起的，既有聪明智慧，又有艰苦奋斗的精神，所以，他要带领大家开创我们的科技事业。他们先从力学研究所开始努力往前赶。

力学研究所成立后，钱学森便思考如何将力学发展得更好的问题。他先在研究所给大家做马克思主义讲座，他以一个在美国生活20年的人的视角，谈他对马克思主义的感受。他对在座的听众说："我在美国20年，把长期积累的工作经验上升到观点、方法来认识，回国后学习了马克思主义，发现这些观点、方法，全部已经包含在毛泽东主席的《矛盾论》《实践论》里面了。"他还在发言中高度评价了毛泽东思想。

他还开设多次《工程控制论》的汉语讲座，听课者达200多人，主要是来自北京大学、清华大学以及中科院的老师和学生。讲座的内容由他的研究生戴汝为、何善堉整理笔记，经他修改后印成讲义，并发给听课者。尽管钱学森平时很忙，但是，他即便是熬夜也要在上课之前做好充分准备。上课时，钱学森却什么都不带，他只拿一根粉笔讲课。他的课逻辑清晰、层次分明，既能提纲挈领，又能讲具体的知识。他的那些知识就像泉水一样汩汩而出，大家都非常仰慕这位知识的巨人。

他还把加州理工学院民主的学习模式带到力学研究所，这是他参加"塑性应力应变关系"的科学文献讨论班的事情。研究所举办了一个由李敏华主持的"塑性应力应变关系"的科学文献讨论班，参加讨论班的多是一些年轻的研究人员、大学讲师与助教。钱学森、钱伟长等人都被邀请来参加。钱学森很愿意来与大家一同讨论学术上的问题，只要他有时间，他总会去。讨论班会选择每周的一个下午，一起来讨论 6 篇文献。在讨论班上，钱学森告诉大家我们要民主，有什么不同意见尽管说出来，就这样，大家在讨论班上就学术问题畅所欲言。

他请回了郭永怀来力学研究所工作。郭永怀那时还在美国，钱学森考虑到祖国的科学技术事业需要郭永怀这样的人才，便想得把郭永怀等人请回来。于是，他写信给郭永怀，说："我们现在为力学忙，已经把你的大名向科学院管理处'挂了号'，自然是到力学所来，快来，快来！……请兄多带几个人回来，这里的工作，不论在目标、内容和条件方面都是世界先进水平。这里才是真正科学工作者的乐园！"[1] 郭永怀收到信后，丝毫没

---

① 涂元季：《钱学森书信》，北京：国防工业出版社，2007 年版，第 4 页。

有犹豫便答应了钱学森的要求，于 1956 年 9 月回到国内。当郭永怀回来时，钱学森因为太忙而没能前去接他，为此钱学森感到很不安，便写信给郭永怀表示歉意，"这封信是请广州的中国科学院办事处面交，算是我们欢迎您一家三众的一点心意！我们本想到深圳去迎接你们过桥，但看来办不到了，失迎了！我们一年来是生活在最愉快的生活中，每一天都被美好的前景所鼓舞，我们想你们也必定会有一样的经验。今天是足踏祖国土地的头一天，也就是快乐生活的头一天，忘去那黑暗的美国吧"[1]。郭永怀回来后，担任力学研究所的副所长。从此，他们两个在工作中默契地配合着。

钱学森一直在为我国的科学技术发展与进步思考着、忙碌着。工程力学是一门新兴学科，钱学森认为它是重点发展的对象之一，于是，钱学森召集周培源、钱伟长、郭永怀等人，谋划成立工程力学研究班。说办就办，由力学研究所与清华大学合办的工程力学研究班在 1957 年 2 月成

---

①涂元季：《钱学森书信》，北京：国防工业出版社，2007 年版，第 9 页。

立，地址设在北京动物园西直门外博物馆路59号中科院植物所院内。当时，在多个领域都兴起办研究班的风气。研究班也就是研究生教育。钱学森倡导的这个研究班培养了工程力学专业的优秀人才。

钱学森的想法总是那么多。他提出我们要培养自己的人才，建立一个融综合性、前沿性、尖端性为一体的大学，他还为这所学校命名为"星际航空学院"，这也就是后来的中国科技大学。他任科大近代力学系主任，为学生们请来严济慈、吴文俊、蒋金丽、钱临照等不同专业的著名学者，还建议开设物理力学专业。

重要的是他还为学生们讲授课程。1961年至1962年，他在中关村中科院自动化所大阶梯教室给大四学生讲"火箭技术概论"（后改为"星际航行概论"）。这门课有45学时，共12至13讲，每周一次3学时的课，一学期讲完。当时来听钱学森讲课的达400多人，有58和59两个年级3个专业的学生，还有来自力学所的专家、学者。

如今，钱学森讲起课来非常和蔼，一改他在美国时的严肃表情。上课的时候，他经常会问坐在后面的同学是否能看得清板书，能不能听清楚他讲课的内容。他总是带着微笑讲课，请学生回答问题也是面带微笑。他在课末，总会留出一段时间，给大家讲一些热爱祖国、严谨治学等做人的道理。

他没有变的是对学生的严格要求。有一次一个同学在试卷中把第一宇宙速度写成了7.8米/秒。钱学森看到后，非常生气，便把这个同学叫过来，说："你的基本概念都不对！自行车都比你快！"然后他意味深长地告诉这个学生："这个问题现在如果不提的话，以后就不只是流汗的问题了，还要流血啊！"课程结束后，他还送给每人一本《星际航行概论》，即他的讲稿。2008年，《"火箭技术概论"手稿及讲义·钱学森与中国科学技术大学》由中国科技大学出版社出版。

钱学森在加州理工学院学习时的创新思维深深影响了他的科研工作，回国后，他也一直秉承着这样的原则，努力寻找有待于解决的科学技术新问题。他在1957年完成《论技术科学》的论文，这是一篇最早论及现代科学技术体系的文章。1958年他还把现代科学技术中的数学方法引入社会主义国家经济和企事业单位的管理工作中。他的创新思维，带给科学领域更多新的知识。

光荣入党

　　钱学森一直都很热爱自己的祖国。在美国时，他刻苦学习，为的是不让中国受外国人的讥讽。在那里，他又时时刻刻思念祖国，渴望早日归来。归来后，他放下研究，将所学知识都倾倒出来，培养青年。他是爱国的，所以他要求入党，他想以一个共产党员的身份来为祖国的社会主义建设服务。

　　1958年初，钱学森去找中国科学院党组书记张劲夫。"我想入党，有什么要求吗？"张劲夫说："我对你入党的想法很是赞同。不过，入党需要找两个介绍人。""好的，那我赶紧去找两位同志帮我介绍。"然后，他找了中国科学院秘书长杜润生和力学研究所杨刚毅作为自己的入党介绍人。他还写了长达7页的"思想检查"，介绍了自己的历史，以及自己回国以后的思想。

　　为了能成为一名合格的共产党人，他还亲自去北京郊区的农村帮助农民轰麻雀，他想这样可以和群众接触，改掉自己原来不好的习惯，但这让有关领导们知道后他们很震惊，也很不安，赶紧让人通知钱学森只管专心搞科研，这些工作就不用做了。

而在做这样的事之前，钱学森就已经严格要求自己了。

钱学森任力学研究所所长后，住在北京中关村的"特楼"（当时科学家和海归学者住的宿舍楼），即14号楼的2楼。尽管钱学森是很著名的科学家，但是他们一家人十分节俭，家中的家具也只是一些最普通的家具，他很朴素，总穿普通的中山装。他这样朴素、节俭的生活作风，一直延续到生命的尽头。

除此之外，在对人、对事方面，他十分直率。钱学森访问完苏联，需要做报告，当时正值中苏友好时期，结果他却说："出国以前就听说苏联科学家技术如何如何了不起，这次去了一看才知道，苏联的一流科学家确实比美国的二流科学家要强一些。"这让在听报告的领导与他的同事们十分震惊。

钱学森对待学生也是直来直去。他的学生戴汝为不是学工程专业的，他怕自己学习不够扎实，便向钱学森请教："钱教授，您看我需要补学点什么呢？"结果却让戴汝为大吃一惊，因为钱学森说，这样的问题用不着他来回答。当戴汝为再次问钱学森需要看什么参考书时，钱学森的回答是："做科研的人应当独立思考去解决这种问题，用不着问我。"钱学森的"不回答"其实正是在培养学生独立思考的好习惯。他是一位善意的好老师。

还有一次，北京大学一位数学系的副教授来见钱学森。这位副教授毕恭毕敬地站在钱学森的办公桌前与钱学森谈了十几分钟。在谈到一个问题时，钱学森毫不客气地说："连这样的问题你都不懂？"那位副教授很尴尬，向钱学森鞠了一躬就走了。后来钱学森的秘书张可文跟钱学森说："人有脸，树有皮。"之后，他便不再这样说话。钱学森直爽的性格决定他在与人相处时不会拐弯抹角，他是一位心直口快的科学家。

在钱学森心里，科学家的职责是为人类创造幸福的生活，而不是用来搞军事武器。当冯·卡门生日时，钱学森给老师写信，并向老师表达了自己的这个观点，他说："我原以为每个纯粹的科学家的目的，只是在于为人类社会做出永久的贡献。这一点，冯·卡门先生，您可能没有感到您对科学技术的贡献所应享有的骄傲。可是，正是您那么多的劳动成果被用来制造毁灭性的武器，

报效祖国 第四章

而几乎没有用来造福于人民。这不正是应该值得您深思一下的问题吗?""我希望,通过科学家的贡献,促进人类生活得幸福、和平和美好。"他是一位心系人类和平的科学家。

钱学森以共产党员的标准严格要求自己,他是一位善意的好老师,是一位伟大的科学家,更是一名优秀的共产党员。

1959年9月24日,钱学森正式填写入党申请书。10月16日力学研究所党支部通过了他的入党要求。1959年11月12日,他成为中国共产党党员。从美国归来的时候,记者问钱学森是不是共产党,他说:"共产党是无产阶级的先进分子,我还没有资格当一名共产党员呢!"如今,他正式成为一名共产党员,他也是一名非常合格的共产党员。

第五章

研制导弹

"卫星变探空"

1957 年 8 月 21 日，苏联 P－7 洲际弹道导弹全程飞行试验获得成功。在这种情况下，身为第五研究院院长的钱学森，召集大家开会，将我国导弹研制计划提上日程。在会上，五院的专家、领导纷纷提出了自己的观点。钱学森认真地聆听大家的发言，时而点头，时而皱眉，时而微笑。这时，他心里已经有导弹研制的初步打算了。他最后总结道："各位专家朋友们，感谢你们给出的宝贵意见。我同意大家先拟定研制导弹试验靶场，然后再进行具体导弹研究项目分析的观点。"会后，他们就按照他们的想法制订了一份《关于建设导弹靶场和试验场的规划（草案）》，并很快

123

将此草案交给了中央军委。10天之后，总参谋部在北京召集炮兵、空军、五院等负责同志开会，会上决定成立导弹靶场，他们还就靶场的规模、区域等问题进行了详细讨论。就这样，我们国家的火箭事业开始了，其首要任务是进行靶场的建设。钱学森在靶场的拟定中任委员职务。

就在进行选靶场工作的时候，苏联决定提供给我国研制导弹的技术支持。中国便派出代表团在9月7日至10月16日赴苏联参加具体事宜的谈判，钱学森随行。传言当时去苏联谈判人选的条件是既有职务也有军衔，为了能让钱学森去苏联，毛泽东授予他中将军衔。事实上，这并不是真的，钱学森回国后没有被授予过军衔。

在前往苏联的飞机上，聂荣臻向钱学森询问苏联导弹的事情和我们国家研制导弹的一些问题，钱学森说："聂帅，其实苏联的 P－2 导弹是从德国的 V－2 火箭演化来的。如果谈判成功，苏联肯提供给我们有关的设备和火箭样品，我保证我们的导弹肯定会造出来。"停顿了一会儿，钱学森继续说："如果没有外援，也许不用 5 年，我们也能造出导弹来。"聂荣臻笑了，说："好啊！有你在就不怕！希望这次能谈判成功，这样我们很快就可以研制出导弹。"他们满怀信心地憧憬着未来。

中苏谈判开始了。钱学森在谈判桌前，正襟危坐。他仔细听着苏方所提供的条件，不时地就导弹研制的方方面面与苏方做细致入微地讨论。钱学森听出苏方提供给我们的援助是有限的，有些设备很陈旧，他心中很是愤懑，但是考虑到我们国家的现实状况，苏联能提供这些技术支持，这无疑也是帮了我们很大的忙。他心里暗暗地说："总有一天我们会赶上你们的！"15日，中苏代表在苏联国防部签订《中苏国防新技术协定》，协定规定，苏联将于 1957 年至 1961 年底，提供几种导弹样品和有关资料，并且派遣技术专家到中国给予现场指导。由此，我们的导弹研制工作在苏联的帮助下开始了。

一开始，苏联如协定规定的那样，积极地援助中国。12 月 24 日，苏联的火箭技术人员以及两枚 P－1 导弹抵达北京长辛店；30 日，苏联的专家组抵达北京，帮我们进行导弹试验基地的勘察工作。但是后来这些全部被撤走……

就在中苏谈判期间，10 月 4 日，苏联的第一颗人造卫星发射成功，这引起了我们国家科学工

125

作者的极大关注。我们也要研制卫星！钱学森、竺可桢、赵九章将这一建议传达给有关部门。钱学森还召集有关同志，兴致勃勃地跟大家讲人造卫星的重要意义。11月3日，苏联成功发射第二颗人造卫星。钱学森赶紧找来郭永怀，他们就苏联发射的这颗人造卫星进行认真推算。"不简单啊，但愿我们早日发射我们中国的人造卫星。"他们感叹道。

钱学森确实是火箭、导弹的天才！苏联第一颗卫星成功发射后，因为卫星上的电池能量耗尽，导致它没有了工作能力，于1958年1月4日坠落。但是卫星坠落在哪里，苏联方面不是很确定，可他们认为卫星很有可能会落在中国，因此苏方便让中国帮忙找回这颗卫星的残骸。中国人民解放军总参谋部将这一紧急任务下达给了各个军区，指示各方进行寻找卫星残骸的工作。当然，很多人包括钱学森都在关注着此事件。

过了几天，沈阳军区旅大警备区中的一名士兵报告说，他值夜班的时候，看到一团火从天而降。军区的领导们得知这一消息后，心中不免猜想这是不是苏联要找的卫星。总参谋部作战部部长王尚荣经过思忖，决定请教钱学森。于是，他调了一架专机，派人把钱学森请过来视察工作。来机场接钱学森的是旅大警备区司令员曾绍山。刚下飞机，钱学森就向曾绍山问了一系列的问题，曾绍山一一回答，然后曾绍山就带着钱学森来到目的地，并安排钱学森先休息再工作。可是钱学森坐立不安，他的心里一直在想着卫星的事情。一个多小时后，钱学森终于忍不住了，他对曾绍山说："我们去现场看看吧！"曾绍山说："钱先生，现在已经 11 点多了，要不等吃了中午饭再过去吧。""不用，还是先去现场，晚点再吃饭，或者不吃。"钱学森坚决地说。就这样，他们一行人迅速来到现场。

来到现场，钱学森首先派人把那名士兵叫过来，钱学森向士兵详细地询问了好多问题，问他当时具体看到了什么，他站在哪里，他的头朝哪个方向，当时火光出现在哪个方向，等等，那名士兵一一做了回答。钱学森在听士兵回答的同时，手里还拿着钢笔，士兵说着，他在手心算着，画画停停。过了一会儿，他便说："这名士兵所说的火光很可能不是苏联的卫星。我计算过了，如果是苏联的卫星，起码要落在 2000 千米以外的地方，很可能不会落在中国。"然后，他转

第五章 研制导弹

向曾绍山，说："你通知大家不要再找了，不用再浪费大家的时间。"曾绍山和在场的专家、领导互相看了看，他们的眼里有一丝犹豫与怀疑，但是，曾绍山想，钱学森可是从美国回来的大科学家，他说的肯定没错，再说，聂荣臻说过科学技术上的事要听科学家的，这样，曾绍山一行人就按钱学森所说的，停止了寻找工作。

结果，当钱学森飞回北京后不久，便有人通知他苏联的卫星好像落在阿拉斯加了。大家对钱学森的决定深表佩服，他只是做了貌似简单的画画算算，便算出了卫星不在中国！真是神奇！

导弹研制的首要任务是进行靶场选址。钱学森在1958年1月18日至2月7日，参加了由50余人组成的导弹试验靶场勘探队。他们先拿地图对中国的地形进行了初步了解，然后基本确定了一些区域。那些区域人烟稀少、地形开阔、地势平坦，非常适合进行导弹的研制。然后他们又飞往新疆一带进行实地考察。钱学森走在广袤的土地上，时不时地环顾四方，还偶尔捧起脚下的沙土，感慨他行走的是实实在在的祖国的土地，也感叹中国的地大物博！从此以后，他便在祖国的沙漠里留下了一串串脚印。最后经过大家讨论决定，终于建立起中国的第一个靶场。

这一年，苏联又发射了第三颗人造卫星。面对此种情况，我们欢欣鼓舞。苏联这个社会主义大国成功发射了三颗人造卫星，我们中国也可以，我们也要搞人造卫星！聂荣臻找来钱学森，问钱学森人造卫星研制是否可行。钱学森告诉聂帅："我认为我们当然可以研制人造卫星。"他们对人造卫星研究工作充满了期待，并把它提上了日程。

在相关的会上，钱学森怀着满腔的热情与信心在会上第一个发言。他说："我们可以搞人造卫星。"这让在座的各位领导、专家有些兴奋。陆元九听后说："你若能把卫星送上天，我就能将卫星收回来。"钱学森说："好，我肯定能把卫星送上天！"事实证明，钱学森说到并做到了，而且他不只是送了一颗卫星上天。就这样，我们国家火箭事业的开端便是对人造卫星的研究，之后，研究的进程也根据我国的实际情况做了相应调整。

趁热打铁！8月20日，《十二年科学规划执行情况的检查报告》由中央科学小组、科学规划委员会党组提出，其中也提出了研制人造卫星的建议，之后相关部门便拟定草案，进行具体分工。钱学森全面负责卫星总体设计与运载火箭的研制，任"581"组长，赵九章、卫一清任副组长。"581"也是1958年头号重点任务，它的目标是希望苦战三年，把中国第一颗人造卫星送上天。

钱学森把"581"的工作抓得很紧，他每周都召集大家开两三次会。他还建议高层领导们要自行研究新的高能燃料。建议获准，力学二所、大连化学物理所、长春应用化学物理所、上海有机化学所等纷纷响应，都开始了高能燃料的研制工作。在紧张工作两个月后，"581"组完成了运载火箭结构的初步设计，并制出自身就装有多种高空环境探测仪器和动物舱的两种探空火箭头部模型。看到这一阶段性成果，大家高兴极了。为了能够使"581"顺利、早日实现，国家还加大财力支持，1958年11月，政府向此项任务拨款2亿人民币。

就在"581"任务进行得火热的时候，1959年，"三年经济困难时期"开始，人造卫星研制的进程也因此放慢，以至于后来人造卫星的研制工作被搁置，变成"大腿变小腿，卫星变探空"，也就是说，研制的重点由研制人造卫星改成研制探空火箭了。之所以提出研究探空火箭，是因为探空火箭是火箭研制的第一阶段，研制起来相对容易些。钱学森在中国科学院召开的座谈会上曾这样说："探空火箭是火箭史的第一步，人造卫星是第二步，宇宙火箭是第三步。从我国目前的国力和科学技术的现状来看，我们得先进行探空火箭的研制。"领导接受了钱学森的意见，并且又将这项任务交给了钱学森。

经过思考与筹划，钱学森首先主持了 5 月 3 日的"和平一号"地球物理火箭探空计划的分工会议，会上安排裴丽生挂帅，梁守槃负责五院，刘秉燕负责联系靶场等任务。钱学森还具体指出了探测的内容，并将发射的时间定在了 1959 年的国庆 10 周年。

经过辛苦研制，探空火箭在 1960 年 2 月 29 日发射成功，这实在令人激动与欣喜，大大鼓舞了我们的士气。

从这之后，钱学森与其他专家、领导商量，决定放下仿制，走向自制！

"东风一号"

1958 年，国防部除了确立了"581"任务之外，还开始仿制苏联 P－2 导弹，这项任务定于 1959 年 10 月完成，因此这个仿制导弹的型号叫作"1059"。中国研究导弹的工作先从仿制起步，然后再进行改进，最后是自行设计。"1059"践行的是仿制工作任务，但因为后来苏联单方面解除帮助中国研制火箭的协定，仿制就变成了自制。

苏联为我们提供了 P－2 导弹的图纸资料，我们如获至宝。五院的同志们紧张地开展对图纸的复制以及技术资料翻译的工作，但是，在工作进行不久之后，五院的研究人员便发现在这些资料中唯独缺少关系到火箭能否发射的发动机试车及试车台的资料。他们赶紧把这一重要消息告诉了钱学森。钱学森听后十分恼怒，心里明白是苏联没有给我们这一重要资料，但是他也无可奈何，只能安慰、鼓励研究人员："我们要在仿制中保持自力更生，即便没有苏联的帮助，我们也能造出来！"当任新民问苏联专家我们的发动机要在哪里试车时，对方给出了一个更令人气愤的答案："等你们的发动机搞成后，当然得到我们苏联去试车！"这样来看，苏联方面仿佛是在履行协定，但是他们并没有将实质性的资料交给中国。聂荣臻也安慰研究人员要自力更生，"有了苏联图纸和技术资料，可以加速导弹事业的发展，但我们不能忘记自力更生。我们要在仿制每一类型导弹时，吃透它的设计理论，为我所用。等将来仿制成功后，我们需要立即进行自行设计战术指标更高的同类国产导弹的工作"。钱学森望着这刚刚起步而又屡遭挫折的研制工作，虽然心里着急，但是他必须带给大家信心与力量，他与五院的研究员们一同在自制的路上摸索着、试验着……

随着中苏两国关系的越发紧张，苏联一步一步减少对中国的帮助。至 1959 年，苏联单方面撕毁了两国在 1957 年的协定，苏联答应提供给中国进行导弹研究的技术与设备也都全部撤回，这让我们刚起步的"1059"研制工作受到严重影响。在科研举步维艰的情况下，钱学森冷静下来思考我们的研制之路该如何走的问题。他认为要进行自制，但自制的重点是什么呢？后来的一些情况和事件启发了钱学森，也仿佛告诉了钱学森，导弹研制或许应该是我们研制工作的重点。就这样，他将目光锁在导弹研制上面。之后，周恩来召开研究搞导弹的会议，会上钱学森提出自己具体的想法，指出搞导弹有很大的前景。会上在座的领导与专家纷纷同意他的想法，并采纳他的意见。这样，我们国家就出台了"两弹为主，导弹第一"的工作方针，导弹研制成为工作重点。钱学森负责五院的技术工作，与南昌飞机制造厂等单位一同开始研制导弹。这次的任务是先仿制苏联引进的导弹，之后走向自己的研制。

与此同时，"1059"也在紧张地进行着。五院为此还加紧技术研发进程，并增加一万多名研究人员，包括大学生、高中生、初中生、党政干部、复员军人等。大家齐聚一起，发挥智慧，挥洒汗水，为导弹的成功发射努力着。

1960年是一个丰收年。2月5日，"1059"导弹第一部分的酒精贮箱仿制成功。3月，导弹试车成功。就在这丰收、喜悦的3月，钱学森却由国防部第五研究院院长降为副院长，这是为什么呢？

原来，这是他自己主动辞去正院长之职的。钱学森归国之后，总是忙碌于各种政务、会议中，很少有时间再去做研究工作，而现在又处于研制导弹的关键时刻，他想为了早日研制出导弹，他必须一门心思做好这项工作。于是，他就向上级请求辞去他正院长的职务。领导理解他的苦衷，便同意了他的请求。

其实在 1960 年初，陈赓就看出钱学森实在太忙了。陈赓发现五院的有关行政、技术等方面的事情都必须由钱学森签字，这显然不利于钱学森专心进行科研。陈赓找到中央领导，说："钱学森实在太忙了，要不我过去给他当助理吧？"中央领导说："你的身体不是很好，还是不要去了，我们再考虑其他人。"这之后，中央为钱学森安排了学术秘书。

做副院长的钱学森，轻松了很多，他的很大精力便放在导弹研制的工作上。他与聂荣臻、王秉章、王铮讨论导弹研制的射程问题。他认为导弹研制要分三步走，先成功发射'1059'导弹，在这基础之上研制中程对地导弹，最后研制远程对地导弹。其他几个人听后纷纷点头。聂荣臻说："你说得很有道理，但是我们得根据我们国家自身的状况来设定目标，我觉得射程有待于再考虑。"钱学森说："聂帅说得很对，那我们就将中程和远程的射程进行一番修改。"经过讨论，他们最后给调整后的三种导弹命名，分别是"东风一号""东风二号""东风三号"。

苏联最终全部撤走提供给我们的技术援助的

时间是 1960 年 7 月。外援撤走后，大家心里着实一阵担忧。聂荣臻元帅为此还专门找钱学森等人一起吃饭、聊天。吃饭的时候，大家的话很少。聂荣臻看到此景，不时说几句幽默的话调节氛围。他还对钱学森说："我知道你心里很着急，但我们要有信心。"钱学森心里非常感谢聂帅对他的理解，说："我会带着大家继续努力的！"聂帅笑着问："你觉得我们的事业能顺利地继续下去吗？"钱学森坚定地回答："能，当然能！"就在我国的科研事业还很落后的状况下，加上没有任何外援，我们的火箭事业却闯出了一片天地，这正是因为有领导们的信任与关心，还有钱学森充满自信的回答与无私的奉献，更有我们科技工作者辛勤地付出与持续地努力。

我们的研制准备工作有序地进行着。先是"1059"导弹的发射基地在 1960 年 8 月顺利建成，这个卫星发射中心是在数万官兵历时两年半的艰苦施工下建成的，真是众志成城！紧接着试飞任务也很顺利。9 月 10 日，一枚装有国产燃料的导弹发射 7 分钟后，准确击中目标，这枚导弹用的是国产燃料！说到此，这中间还有个小插曲。"1059"导弹的推进剂是液氧和酒精。中苏协定上规定酒精由中国生产，液氧由苏方提供。但是，由于生产液氧的西伯利亚液氧厂发生意外事故，苏方没能给我们提供液氧。无奈之际，我们就得自己生产液氧，最后我们顺利将液氧生产了出来。但是，苏方质疑我们生产的液氧能否用于发射导弹。最终，我们选择了国产的液氧，事实证明，我们的燃料没有任何问题。

"1059"导弹后来定于1960年国庆前后进行发射。距离发射时间已经很近了，专家、技术人员紧张而又有条不紊地准备着。钱学森、任新民等人已经提前了一个月进入发射试验基地，他们视察技术阵地和发射场，并在严寒中为大家做具体指导。10月中旬，周恩来吩咐陈毅、聂荣臻、陈赓在人民大会堂宴请科学家和工程师。宴会上，几位领导与科学工作者们畅聊着。谈到高兴处，钱学森对大家说："聂帅说，中国的科技人员并不比别人笨，这是客气了。我说，中国的科技人员是了不起的。我们不仅有聪明智慧，我们还能够艰苦奋斗。只要国家给了任务，大家便会夜以继日、废寝忘食地去干，甚至为此而损害健康，直到牺牲，也不泄气。有了这种精神，我们就不怕落后，不怕困难多。我们一定要赶上去，我们也能够赶上去！"大家听完，鼓掌表示赞同。在场的科技人员都表示不怕千辛万苦，他们要为祖国的社会主义建设服务，要让世界看看我们是非常了不起的！钱学森一心扑在祖国的火箭事业上，为了它的起飞，无所畏惧，带领着五院众多优秀的科技人员奋勇前进！

在导弹发射之前，必须要将导弹安全押运到基地，但是，这项任务应该由谁来负责呢？钱学森想了许久，最后他认为耿青是最适合的人选。耿青是国防部第五研究院党委常委、科学技术部部长，被钱学森称为"两栖人才"。这样，在钱学森的推荐下，耿青成为我国第一枚自制导弹的押运和发射的负责人。耿青接到任务后，感到压力很大，他想自己一定要把这项重要任务圆满完成。他带领一行人于 10 月 23 日 0 时 45 分，从北京的永定门车站启程，驶向发射基地。这是一趟由 18 节客货和特种车厢组成的列车。在车上，耿青想，既然钱老把这项任务交给我，那我一定不能辜负他的期望，于是，他细致地分布任务，还专门成立了 5 人"保姆小组"，也就是他们 5 个人在火车上轮流地抱着导弹的重要部分，以确保它的安全。大家就这样坚持着，27 日，他们顺利到达基地发射场。

接下来，钱学森带着大家做导弹发射前的最后视察。11 月的基地，天气已经很冷了，但是钱学森情绪高昂，为了祖国的火箭事业，他丝毫不觉得严寒与辛苦。11 月 4 日，聂荣臻抵达基地，他与钱学森、张爱萍、陈士渠等人一同进行视察，必须保证做好导弹上天之前的所有准备工作。他们仔细地检查着。视察过程中，他们排除掉几次故障，一次是导弹舵机漏油。经检查，这是舵机油压轮泵光洁度不符合要求而导致的。故障虽然已经排除，但是钱学森怕再出现此种情况，就下令加推进剂。可是，加入推进剂之后，导弹的弹体却往里瘪进去一块，钱学森赶紧进行检查。之后，他对在场的人员说："不要担心，可以照常进行发射。"此时，基地的司令员、参谋长经过再三思考，为小心起见，不同意发射。看到这一情况，站在旁边的聂荣臻笑着说："只要钱院长同意就可以发射。"钱学森听完，心里十分温暖，对聂荣臻说："谢谢您的信任！"钱学森总是能在最关键的时刻做出正确的决定，聂荣臻一直对钱学森很信任，在关键时刻也很支持他的决定。

　　就这样，他们以为万事俱备，便准备第二天发射。结果，故障又出现了。原来是零点触发有问题！钱学森得知后非常着急，派人找来负责这个技术的人员。谁知，过了一会儿，一个小姑娘出现在了钱学森面前。他对这个小姑娘说："任务紧急，不管怎样，故障必须在 10 小时之内排除。"姑娘紧张得什么也没说，只是点点头。这个小姑娘十分聪明、用心，也十分可爱，居然 4 个小时就把故障排除了。但是正是因为着急，她的嘴急歪了。

　　激动人心的时刻到了！11 月 5 日，中国第一枚自己制造的导弹 "1059" 在发射场成功发射。这枚导弹在 9 时 2 分 28 秒进行点火，之后它发出轰鸣的爆炸声，火光 "嗖" 地冲向了天空，很快地消失于眼帘。7 分 32 秒后，飞行了一定距离的 "1059" 导弹准确击中目标。太振奋人心了，太令人激动了，中国的第一枚自制导弹发射成功了！在场的所有科技人员、官兵欢呼跳跃，高兴极了。聂荣臻、钱学森、张爱萍等人都十分喜悦，相互握手，表示庆祝。

　　这真的是历史中难忘的一天，是世界记住我们中国的伟大的一天。聂荣臻说："在祖国的地平线上，飞起了我国制造的第一枚导弹，这是我国军事装备史上一个重要转折点。"

钱学森此时非常开心。他于1955年回国至现在，不辞辛苦地带领着大家，整整用了5年时间成功发射了第一枚导弹。在这5年里，他所有的努力都仿佛是在等这一刻。这是何等的欢悦与骄傲！当初刚回国时，他曾说中国研制第一枚导弹的时间能比美国快，而事实确实如此。

"1059"导弹能成功发射，钱学森作为飞行试验委员会委员，对此次导弹的成功发射，做出了巨大的奉献。但是，他说这是集体努力的成果，他的话不是口号，也不是泛泛而谈，这真的是老一辈专家、学者共同的时代记忆与心声，在他们心里装的是对党的忠诚，对祖国深沉的爱。

1964年3月，"1059"导弹正式更名为"东风一号"。

"东风二号"

就在研制"东风一号"（原"1059"导弹）的时候，1960年9月，钱学森向中央军委递交了研制"东风二号"的设计方案。

这时正处于"三年经济困难时期"，一些人

目光短浅，主张撤掉导弹研制的计划。这个问题在1961年7月18日至8月14日的北戴河工作会议上还进行了专门讨论。贺龙、聂荣臻等领导，还有钱学森等科学工作者都出席了此次会议。很多人在会上主张搞常规武器装备和飞机，不搞两弹，他们觉得"不能为了一头牛，饿死一群羊"，但是，贺龙、陈毅、聂荣臻、叶剑英、钱学森等坚持搞导弹研制。陈毅元帅说："就是当了裤子也要把'两弹'搞上去！"聂荣臻元帅说："我也认为要搞'两弹'，我们搞导弹的第一步已经完成，第二步也在进行，原子弹也在进行试验工作。这个过程会有许多问题与困难，但是只要众志成城、齐心协力，就一定能够完成'两弹'的任务。"在聂荣臻等人的坚持下，导弹研制工作才得以继续进行。

钱学森带领着大家研制"东风二号"。从这时起，我国导弹的研制从仿制转向自制。钱学森先召集专家们对"东风二号"的规格、特性等进行讨论。"东风二号"将以"东风一号"为基础，这样两枚导弹之间也有承续性，研制起来也更加方便。就在1962年春节前夕，"东风二号"试车成功。春节后，它被运往发射基地等待发射。

3 月 21 日，基地的领导以及专家、学者都怀着无比期待的心情等着它成功试飞，但是，"东风二号"首飞失利。一开始下达点火命令后，它一切正常。这时，大家悬着的心也就放了下来。可是，谁也没有想到过后它突然失去控制，导弹竟然向反方向飞去，之后便从高处跌落坠地，居然砸向地面，出现了一个 20 米左右的深坑。那一瞬间，在场所有人的心仿佛跌落到谷底。他们辛苦研制的导弹就这样成了碎片。它不仅仅是在地上砸下的一个大坑，更是砸在所有为它辛苦努力的专家学者、工作人员的心里。这是我们中国第一颗自己研制的导弹，五院的全体人员还把它称作"争气弹"，他们想通过它告诉国际大国，我们自己也可以制造出导弹。结果它却砸在了地上，砸在了心上，砸在了脸上……

　　当天聂荣臻元帅在基地指挥。看到这一幕，他的心情和大家一样难过，但是他很快变得沉着、冷静下来。他安慰大家，说没有不失败的科学试验，这次试验虽然失败了，但是我们得找出失败的原因，然后才能迎接更大的胜利。这天，钱学森在北京指挥总部坐镇。聂荣臻让人通知钱学森带一些技术人员立即飞往基地，分析故障原因。

第二天，钱学森他们便来到了基地。钱学森是总技术负责人，他的压力异常大，但是，当面对大家时，他只能显出非常冷静的样子，他还要去安慰、鼓励大家。他告诉大家，研究新产品虽然总会有失败，但只要我们不气馁，不断努力，成功一定会是我们的！"科学试验嘛，如果每一次都保证成功，又何必试验呢？那就制造出来直接拿来用好了。我们不要怕失败，失败了，总结经验教训，再重来。经过挫折和失败，会使我们长才干，变得更加聪明。"① "失败不要紧，重要的是要分析出失败的原因。"话毕，他便带领着大家在天寒地冻的发射基地收集残余的碎片，查找故障原因。

从找原因到分析原因，再到提出一套完整的故障总结方案，整整耗时3个月。就在这3个月里，钱学森组织大家开了无数次大大小小的会，有故障分析，有对大家的教导、警醒。这段时间里，他基本都在基地工作，除了春节回了趟家。

---

① 李福：《中国航天之父钱学森》，《航空知识》，2006年第7期，第53页。

经过分析，他发现这次失败的原因是多方面的，即导弹弹体是弹性体，飞行时会导致失控；火箭发动机的强度不够；控制系统与发动系统在一起工作不能产生良好的效果。也就是说，技术不过关是造成导弹飞行失败的一个方面，另一方面便是研究人员太急于求成的心理所产生的影响。根据这些，钱学森总结："通过这次失败，我们可以发现我们的问题是多方面的，但最主要的是没有认清整体与局部之间的关系。所以，我们要用系统的理论分析这次失败。""把一切事故消灭在地面上，导弹不能带着疑点上天。""把一切事故消灭在地面上"成为他们以后进行导弹研制工作的一条重要准则，因为只有在地面上做好十足的准备，导弹才能在天上绽放光彩。

自此之后，钱学森狠抓科研工作，规范科研队伍。他对五院进行了全面调整，特别是把"系统"概念应用在五院，成立总体设计部。这个部门虽然已经成立，但是设计部的工作人员不清楚具体要做哪些工作，因为说到"总体设计"的概念时，他们都面面相觑，不懂得这是什么意思，他们只能等着钱学森来五院时向他请教。后来，钱学森给大家举了一个通俗易懂的例子，他说：

"今天天气很热，这个房间温度很高，正好屋里有台电冰箱。这样就有人提议，认为将冰箱门打开，会放出些冷气。但是，这个意见是错误的。因为冰箱的门打开后，冰箱附近会凉快些，房间却不会因此凉快，因为要通过冰箱不断向室内输送电能，电能又会变成热能，房间的温度自然就上升。这就是局部和整体的关系，局部优化，不等于整体优化。总体设计部的任务就是要做到整体优化。"大家听后才恍然大悟。自从有了这个部门，五院的工作变得井然有序，而且过去五院干部不懂技术，科研人员不懂管理的状况由此得到改善。

经过全面整顿以及随着研制工作的不断完善，"东风二号"的第二枚导弹在 1964 年 6 月 29 日发射成功。这次试验，钱学森在基地亲自指挥，同时在现场的还有张爱萍等人，聂荣臻元帅坐镇北京指挥总部。

正值酷暑时节，钱学森却丝毫顾不上炎炎烈日，他汗流浃背地在基地进行勘察，并处理各种问题。导弹马上要发射了，钱学森却接到报告说由于高温的影响，导弹的射程将会减少，如果这样，那之前所有的数据测量的准备都将付之一炬。钱学森眉头紧锁，立刻召集科技人员商量解决的办法。大多数人提出用增加推进剂而增大射程的办法来解决，但是，推进剂箱的容积是固定的，现在也没有多少空间可以容纳更多的推进剂，因此，这种方法行不通。

就在这时，一个叫王永志的年轻中尉，从反方向找出了解决问题的办法，并把他的想法汇报给了他的上级领导。他说："我想如果减少推进剂的话，就能够减少起飞重量，这样可以提高射程。"但是，他的上级领导认为这种方法不可行，可王永志没有放弃他的想法，又拿来笔和纸进行了演算。经过几遍推算，他坚持认为他的想法是对的，于是，他鼓足了勇气去找钱学森。

钱学森正在思考解决的办法，这时，他看到有个年轻人来找他，便问："小伙子，你有什么事？"

王永志向钱学森简单介绍了自己，然后鼓足勇气说："院长，我有一个解决射程的办法，我自己推算了好多遍，认为方法可以，就来找您汇报。"

钱学森打量了一下这个年轻人，然后说："好啊，你有想法尽管说出来！"

王永志感谢钱学森给他这个机会，便将他的想法全部说了出来。

钱学森很仔细地听完这个年轻人的想法，然后，他对总设计师林爽说："那个年轻人的意见对，就按他的办！"

王永志听到这句话后，感动得眼角湿润了。

钱学森不但鼓励年轻人，而且对年轻人充满了信任。

结果证明王永志确实是对的。

就在这一天的 7 时 5 分，"东风二号"开始发射，并且命中目标。发射成功了！

张爱萍和钱学森激动地拥抱握手，现场的科技人员和官兵都感动得落了泪。钱学森激动地发表讲话："我们通过短短的两年，大家努力从小学生提高到中学水平，这不简单啊！现在，国际上美苏都欺负我们，但是，我们有党中央和毛主席的领导，再加上我们自力更生的精神，我们在披荆斩棘之后，终于获得成功，这是值得庆贺的一件大事情。"成功发射后，聂荣臻元帅打来电话祝贺，说："上一次的失败，的确不是坏事情。这个插曲很有意义。"是的，失败并不可怕，失败是成功之母。

"东风二号"的成功发射，标志着我们有了自己研发导弹的技术与资料，我们掌握了进行导弹设计、研制、试飞的程序和方法。自此，我们从火箭的仿制阶段走进了自行研发阶段，这在我国火箭发展史上是一个关键点。

这些成就的取得离不开钱学森。他亲力亲为，负责全面技术，又处理技术问题，为此费尽了心血，但他依然说这是集体的功劳，"这样复杂的总体协调任务不可能靠几个人来完成，因为他们不可能精通整个系统所涉及的全部专业知识，他们也不可能有足够的时间来完成数量惊人的技术协调工作。这就要求以一种组织、一个集体来代替先前的单个指挥者，对这种大规模的社会化劳动进行协调指挥"。

"两弹结合"

"东风二号"成功发射后，钱学森向中央军委提出"两弹结合"的设想。"两弹"就是导弹加原子弹。这在 1964 年 9 月 1 日的中央军委会议上得到落实。会议决定由二机部和五院共同提出"两弹结合"的方案，并对此进行设计，钱学森负责全面指导工作。会上，周恩来问钱学森：

"学森同志，'两弹'研制需要多长时间?"钱学森说："总理，我觉得 3 年时间差不多。"参加会议的领导们听后纷纷议论，他们都认为这不现实。这时，周总理说："大家安静！我们应该相信钱学森，我们靠科学家！"

钱学森挑起沉重的担子，为将大家认为的不可能变成可能，他努力着。会议结束后的第二天，他便召集大家商定选择何种方案，并对具体实施细节进行了研究。在一个月之后，他向聂荣臻提交了一份"两弹结合"的方案，方案得到了聂荣臻的支持。"两弹结合"的研制工作开始了。

那么我们国家有原子弹的技术么？当然有。1964 年 10 月 16 日 15 时，在钱三强、郭永怀、邓稼先等人的研制下，我国成功爆炸了第一颗原子弹（名字叫作"邱小姐"），成为世界上第五个研制原子弹成功的国家。这样，我们就有了研制导弹与原子弹的双重经验，为我们研制"两弹结合"提供了技术基础。

"两弹结合"的成功发射是在短短两年之后的 1966 年 10 月 27 日。"两弹结合"不但困难系数大，而且风险也很大，因此，领导们对这个试验充满了担忧。周总理害怕技术不过关，对钱学森等人说："进行'两弹结合'的试验，我总是很不放心，怕它掉下来，如果掉下来，该怎么办？二机部、七机部要认真研究一下，七机部要保证它掉不下来，二机部要保证它万一掉下来不会核爆炸。"钱学森听后，告诉总理他一定会让这次试验成功的。他顶着巨大的压力以及太多的担心做着这项艰巨的任务。他懂得"东风二号"的第一次发射失败而坠落到地面，只砸出一个大坑，但是核导弹（导弹＋原子弹＝核导弹）如果坠落将发生基地大爆炸，这样不但会给国家造成巨大的损失，而且我们国家在国际上将不能扬眉吐气了。因此，这项试验必须要成功！他心里想。

经过悉心、严谨地研制、试验，1965 年 5 月中旬"两弹结合"获得地面效应试验的成功。这时，钱学森的脸上有些笑容了，但是他仍然不敢放松，进行着"冷试验"的准备工作……

钱学森来到基地，怀着一颗不畏惧的心，冲在具有风险的试验的前面。这次来到基地，又是长时间作业。他在基地连续工作 100 多天，这使得家中的老父与岳母十分担忧，蒋英也很担心，他们并不知道钱学森到底在哪里，他是否健康，等等。于是，蒋英就去找七机部的领导了。她问："钱学森究竟去哪里了？他几个月都没信儿，他还要不要这个家了？"七机部的领导先是安慰蒋英，然后告诉她："钱副部长最近一直在基地主持工作，他一切都好，请您放心。"蒋英听后，也只有在心里祈祷钱学森在基地平安、健康。

核导弹的准备工作顺利开展着。钱学森负责总的技术，为此项试验选择高能燃料，以加大导弹推力，顺利发射原子弹；他还要求减轻弹头重量，为了发射得远。钱学森对核导弹研制的每一个细节都进行严格要求。除此之外，他还心细如发，考虑了试验中可能会出现的意外情况，并设计了几套应急方案。10 月份，准备工作做好后，他与聂荣臻一同向毛泽东汇报。

钱学森说："主席，'两弹结合'的研制与试飞准备工作都已做好。"毛主席听后十分开心，说："谁说我们中国人搞不成导弹核武器呢，现在不是搞出来了吗？"但是对于此次发射，党和国家领导人都比较担心，主席叮嘱钱学森他们，说："这次试验可能打胜仗，也可能打败仗，失败了也不要紧。一定要认真充分地做好准备，要从坏处着想，不打无准备之仗。"钱学森听后，说："我已经记住您的话，请您放心，我们会给您一个满意的结果的。"后来周恩来叮嘱他要考虑到意外的问题，做好防范的准备，并送他们四句话："严肃认真，周密细致，稳妥可靠，万无一失。"钱学森听后，对试验准备情况又做了一番细致地检查。

"两弹结合"的"冷试验"开始了。"冷试验"就是在没有装上核弹头的情况下进行的发射，"热试验"才是真正的发射。在"冷试验"中，钱学森两次来到现场对每个零件、每个细节进行仔细检查。有一次，一位新战士在试验准备过程中看到弹体内有根 5 毫米的小白毛，他想这根小白毛很有可能会造成通电后接触不良，就想尽各种办法，去取这根小白毛，最后终于用猪鬃毛把它挑出来了。钱学森得知后，十分欣慰，他当着大家的面，表扬了这位战士，并希望大家都要向这位战士学习，提醒大家注意科研工作一定要细致再细致。"冷试验"于 10 月 13 日进行，试验成功。对此，周恩来说："赫鲁晓夫不是说中国十年内搞不出原子弹么？可我们只用了四年就搞出来了。这是争气弹，争光弹。核爆炸成功后，有人嘲笑我们'有弹无枪'，无非是说我们光有原子弹，没有运载工具。我们要用导弹把原子弹打

153

出去，用行动来回答舆论的挑战！"

随后，钱学森又飞往基地，进行弹头与舰体之间的合一工作，以及其他一些准备工作。基地的气温这时已是非常低了，50多岁的钱学森依然在严寒霜冻的基地走着，看着。钱学森这时思考的是核导弹要发射到哪里的问题。美国和苏联将核导弹射向了大洋里面，那我们射向哪儿呢？他找来研究人员一同商量，最后终于定好了地点。美苏射向大洋，不会造成人身安全的问题，我们射向的是国内的地点，万一出现问题，将会威胁到人们的安全。鉴于此，周恩来指示要临时撤离当地的5万居民。

经过周密、细致的准备之后，10月24日晚，周恩来、聂荣臻与钱学森等人向毛主席汇报试验准备情况。毛主席说："你们'这一仗'要好好打啊！"聂荣臻为了增强基地所有工作人员的信心，向主席提出亲自赴基地主持试验，钱学森负责此次试验的全面技术指挥工作。

10月27日9时发射核导弹，试验成功，核爆炸在弹着区靶心上空569米的高度。核导弹成功发射，这又创造了另一个奇迹，我们有了运载工具！这又是在钱学森全面指导下的一个奇迹，钱学森是科学天才，也是科学巨人。

这次核爆炸的成功，标志着我国国防力量又有了提高。随后钱学森出现在美国《纽约时报》头版的"新闻人物"专栏里。28 日，美国的《纽约时报》还特别报道了此次发射，"一位 15 年中在美国接受教育、培养、鼓励并成为科学名流的人，负责了这项试验，这是对冷战历史的嘲弄。1950 年至 1955 年的 5 年中，美国政府成为这位科学家的迫害者，将他视为异己的共产党分子予以拘捕，并试图改变他的思想，违背他的意愿滞留他，最后才放逐他出境回到自己的祖国"。

"东方红一号"

在"两弹结合"试验进行的同时，钱学森又提出了研制我国第一颗人造卫星的计划。让我们看一看我国火箭研制之路吧！几乎隔两年就有新的任务，1959 年准备"东风一号"，1960 年提出研制"东风二号"，1962 年提出研制原子弹，1964 年提出"两弹结合"，1965 年又开始设计人造卫星。关于研制人造卫星，之前已经提出过了，但是鉴于当时我国经济、技术条件的不允许，而一直被搁置下来。1965 年，在我国有了导弹、原子弹技术的基础之上，钱学森认为是时候研制人造卫星了。

钱学森在此项任务中，对人造卫星的提出、方案设计、方案论证等方面都洒下了辛劳的汗水。他为祖国的科学技术事业付出了太多太多。除此之外，他还告诉大家人造卫星有多种用途，如测地卫星、通信及广播卫星、预警卫星、气象卫星、导航卫星、侦察卫星等。聂荣臻对钱学森的建议一直表示支持，此次也是如此，他还告诉大家，我们只要有能力完成就去搞！于是人造卫星的研制在 1965 年重新开始了。

没有什么事情是一蹴而就的，也没有什么事情是一帆风顺的，我国第一颗人造卫星的研制工作就是个例子。在中间搁置那么久之后，重新开始研制人造卫星不是那样容易。这颗人造卫星的方案酝酿期竟然历时 5 个月。钱学森提出的人造卫星计划是要研制远程导弹，但是我国的中程导弹还未研制出来，这样国家的一些领导便提出了质疑，他们召集钱学森、张劲夫等人进行了多次谈话、商定，直到 1965 年 6 月 10 日，关于我国第一颗人造卫星的方案才正式发布。在这之后，他们又召开了多次会议就此方案进行论证、研究。从方案出炉到方案论证，一共历时 10 个月，可见此次研制人造卫星的任务有多繁重。

在中国第一颗人造卫星方案论证会上，专家们最后决定我国第一颗人造卫星的名字是"东方红一号"。在这项任务中，有一件关键事情亟须解决，即发射人造卫星的运载火箭该如何设计。钱学森在认真思考之后，给出了答案。他认为我们已经拥有导弹和探空火箭的技术，在这些基础上，将导弹和探空火箭联系起来，组成发射卫星的运载火箭。这样，发射人造卫星的火箭就成了在"东风四号"导弹的基础上研制出来的三级火箭，叫作"长征一号"。

对于我国人造卫星的研制，大家的期望值一开始并不高，因为这时我国不但经济发展缓慢，而且技术落后，非常不利于人造卫星的研制。所以，聂荣臻说只要第一颗人造卫星能放上去就行，不用搞那么多的探测，能送入轨道，转起来、听得见、看得见就行，没想到最后它却带给我们莫大的惊喜。

"东方红一号"的诞生是很曲折的，它先受"三年经济困难"影响而中断，后来又受"文化大革命"的影响。负责搞卫星和地面跟踪测量系统的是中国科学院，但是就在 1966 年 7 月，中国科学院开始了"文化大革命"。为了使人造卫星的研制工作能够继续开展，不久后，国防科委从中国科学院那里接手此项任务，成立空间技术研究院，钱学森兼任院长职务，负责整个工程技术的总指挥。

除了中国科学院，沈阳、南京、合肥、长春等城市的有关研制人造卫星的单位也同样在进行着各种形式的批斗。这使得研制人造卫星的生产部门的工作被迫停止，一些研制所用的仪器、设备也遭到损坏，钱学森得知这些情况后，十分着急。后来中央实施了一些政策，这才在一定程度上使人造卫星研制工作得以继续。1968 年，人造卫星事业变得更加艰难。

这时，钱学森被周恩来调过来负责卫星设计院的工作。钱学森面对这混乱的局面，心中很焦虑，也很担忧。为了进行研制工作，他不得不对卫星设计院进行全面调整。他抽调研制火箭的技术人员，以及中科院的部分同志过来进行卫星的研制。为了主持大局，他还任命孙家栋为卫星总体设计部负责人。钱学森负责技术上的全面指导工作，为卫星研制工作做到了呕心沥血。

1966 年，在"长征一号"火箭滑行段喷管控制进行仿真试验时，出现了晃动幅值达几十米的现象。在现场的研究人员心里开始担忧。他们向钱学森询问这一情况会不会影响试验的顺利进行。钱学森思考了片刻，告诉大家这种现象是失重状态的一种表现，但是不影响飞行。从之后的试验来看，钱学森的这一判断是正确无误的。钱学森总是能在关键时刻做出正确的决定。

即便是在"文化大革命"这特殊的环境下，钱学森也没乱手脚。他总能准确预见问题，目光十分长远。钱学森考虑到发射卫星需要一个跟踪控制卫星的基地，1967 年 2 月，在一次会议后，钱学森去找基地司令员说明此情况。后来基地就将 50 张桌子、30 把椅子，再加一些生活必需品运往了后来的卫星测控中心。在基地的研究人员看到一辆辆车运走这么多东西，都很疑惑。后来等卫星发射成功之后，大家才知道这些物资设备的用途是什么。

随着年龄的增长，钱学森越来越关心年轻人，因为年轻人是国家的希望。他总是给年轻人锻炼的机会，心里也想着把机会留给年轻人，支持年轻人的工作。戚发轫被推举到技术领导的岗位时，由于各种原因，很多保密的背景材料和文件他都接触不到，那时，钱学森的工作非常忙，但是他得知这一情况后，对机关人员说："我们要支持年轻人的工作。既然戚发轫同志在这个岗位上工作，我们就要把相关资料给他看，否则他怎么工作啊？"这件事情让戚发轫感动不已，他一直记得钱老对他的帮助。1969 年，钱学森还带孙家栋去见周总理，给总理汇报卫星准备工作。显然，他这是想把机会留给年轻人。

从 1968 年冬天开始，直至 1969 年 7 月，"长征一号"运载火箭始终因为七机部内部的分歧而无法进行试车。出于无奈，只能由周总理处理，后来周总理将这一任务交给了钱学森。钱学森找来内部的主要负责人，说："人造卫星的研制是国家的重点计划，是毛主席审批通过的，你们还要违反毛主席的指示吗？再说了，人造卫星早点研制出来，就是给我们祖国争光了，你们不愿意给祖国争光？"那些负责人听了都感觉十分惭愧，后来他们就达成了一致！在钱学森的协调下，"长征一号"运载火箭才得以试车。

同样的事情在 1967 年 2 月也曾发生过。当时基地内部有分歧，钱学森为了不耽误试验的进行，就去基地进行调解工作。当他到发射场时，基地人员仍不同意发射，他们需要钱学森解决基地提出的 20 多个问题。钱学森一一进行解决，但是解决完后，基地人员仍不同意发射。这时的钱学森愤怒极了，他说："决定打了! 就这么定了!"然后说准备发射……

但是，1969 年 11 月 16 日下午 6 时，我国第一枚中远程运载火箭"长征一号"发射失败。这沉重打击了在场的所有人，也让那些十分关注我国此项任务的国际各国有机会嘲讽我们了，更让日本有时间来赶上我们研制运载火箭的进程了。试验失败，钱学森心里很难过，他想早点儿成功发射人造卫星的梦也已破碎。但是他只能继续找原因，继续带领大家进行试验。

1970 年 1 月下旬，他又来到基地进行第二枚运载火箭发射的准备工作。他来的时候，正好基地遇上了运载火箭高空点火与两级分离的难题，钱学森迅速帮助大家解决了这一问题。之后他又步履匆匆，去卫星总厂查看"东方红一号"卫星的研制情况。这颗卫星在 3 月 21 日完成总装，那时已经可以出厂进行卫星与火箭的发射准备。就在卫星鉴定出厂时，有人提出了一个关键问题：卫星在地面模拟时间仅有 5 天，而不是 20 多天，那怎样才能确保它在太空运行 20 多天呢？这样是不是就不能出厂呢？总负责人孙家栋也给不出答案，于是，孙家栋就去向钱学森请教。钱学森认真地看完文件，又拿笔和纸进行了计算，然后告诉孙家栋可以顺利出厂。这是钱学森一贯的作风，他对问题的理解与把握相当准确。

钱学森一行人向中央专委会和周总理做第三次对卫星、火箭发射前的报告后，他坐在前面第三排上思考起问题来。大家喊他，他都没有听见。过了一会儿，他才回过神儿来，告诉大家他在想一个问题。其他人问："钱院长，您是不是又有什么新主意了？"钱学森笑着说："是有想法，还没主意。"他停了会儿说："我的想法是这样的。我们的卫星按预期目的进入太空后会播放《东方红》这首歌，让它响彻太空。但是卫星如果没有到达太空，而是坠落于大海，到时候大海里再响彻我们国家这首伟大的歌曲，岂不是让其他国家嘲笑我们么？那如何才能确保这首歌只有在到达太空时才播放呢？"这就是钱学森思考的问题。大家听后，无不赞叹钱学森思考问题的缜密。沉思片刻后，钱学森说："我想出了个办法，你们听听能不能行得通。我想在运载火箭的第三级上加一个'过载开关'。这个开关在火箭起飞后，当它上升到飞上太空的速度时，它便与乐曲音源振荡器的线连接，从而播放歌曲。如果不能达到那样的高度，开关就呈现关闭状态，自然不会播放歌曲。"在场的几位听完，都哈哈大笑起来，说："科学家就是科学家，佩服啊！"就是这么一个小小的开关问题，钱学森也不会放过。

在钱学森、任新民、戚发轫等人的组织下，1970年4月24日21时35分，我国自行研制的第一枚人造卫星——"东方红一号"终于在各种艰难曲折中冲上云霄，发射成功。当这枚人造卫星上播放的乐曲响彻太空时，在场的所有人都异常激动。钱学森开怀大笑，说："我们终于盼来了这一天，我们终于有了自己的卫星，这真不容易啊！"

此次的成功，标志着我国已经进入太空时代了！据有关人员的回忆："卫星升空后，星上各种仪器的实际工作时间远远超过设计要求，乐音装置和短波发射机连续工作了28天，取得了大量工程遥测参数，为后来卫星的设计和研制工作提供了宝贵的依据和经验！作为世界上第五个独立研制和发射卫星的国家，'东方红一号'卫星在重量、跟踪手段、星上温控系统等项目指标上，都超过了之前其他国家第一颗卫星的水平。"

《华尔街日报》报道了这则新闻，标题是"北京的第一颗卫星是美国培养的科学家计划的"。这实在是可笑的说辞！人造卫星发射成功，值得庆贺，只是藏在钱学森内心的还有些许伤感和遗憾。他认为这颗人造卫星本来可以早点儿上天，我们国家可以成为世界上第四个发射人造卫星的国家，可是由于一些原因耽误了时间，非常遗憾。不仅是钱学森，还有好多人都抱有这种心情。

钱学森的伤感不止这些。在"文化大革命"中，钱学森更有非常难过的时候。大字报上说物理力学是钱学森晚年的余兴节目，当一心效忠于祖国，将所有的科学技术全都贡献给祖国的钱学森看到这样的一行字时，他的心里无限悲凉。他很无奈，也很无力。他只能对研究物理力学的青年学生还有工作人员说了这样一番让人动容的话："你们不知道（物理力学）的应用前景，我知道，但我没办法告诉你们。你们要到工农第一线去结合实际，我也不能阻拦你们，你们就上山砍柴去吧，我在山下等着你们。等你们理论联系实际完了以后，想到要做科学了，我在下面吹哨子，你们再回来做吧。"在"文化大革命"期间，科技、科研也遭到了重创。看到本应具有前景的物理力学得不到理解与支持，钱学森真的是有心而无力，多么无奈！

第五章
研制导弹

第六章
花甲之年

1980 年 12 月，国防科委收到了这样一份报告："明年我将是 70 岁的人了，精力自然有限，而在导弹、卫星科学技术方面年富力强的科技干部大有人在，我理应让贤。所以我再次请求组织，让我明年退休。"

这是钱学森的退休申请书。从 1955 年回国至 1980 年，钱学森从 44 岁壮年即将迈入 70 岁高龄的晚年，他不辞辛苦地整整为国家科学技术事业奋斗了 25 年！

在他退休之前，他是否已经对他的科学事业满意了，是否可以放心地离开工作岗位了呢？让我们继续读下面的故事。

不眠不休

就在 1971 年 3 月 3 日，"实践一号"卫星上天了！自然，它的用途也是用来向地球发回科学实验数据的。我国第一次获得空间环境探测数据正是始于它的成功发射。特别神奇的是，这颗卫星本来的设计寿命为 1 年，但它竟在预定轨道上工作了 8 年多。

虽然这颗卫星给我们带来的声誉不如"东方红一号"那样大，但是它的的确确又呈现出了钱学森辛勤、劳累的场景，这得从 1971 年 3 月 2 日说起。本来这颗卫星准备在 2 日下午 5 时发射，但是因为准备工作没有做好，发射时间只得推迟到第二天的凌晨。钱学森早就来到卫星发射中心了，他在这里辛苦地做着准备工作。你看，他睡着了，他在指挥部的几条长凳上睡着了！

他倦怠了？松懈了？不然他怎么睡着了？

事实并非我们想的那样。原来 2 日晚上，当技术人员都散去时，钱学森守在了指挥部里，他守着科研设备，守着对祖国科学事业的无限忠诚。1971 年的钱学森已是一位年满 60 岁的老人了，他曾经拥有过钱氏家族的优越生活，在美国也过着衣食无忧的日子，而现在，那些优越的条件都已不复存在。况且，此时的他年岁已高，但他不顾天气的恶劣，就在那几条长凳上和衣而

第六章　花甲之年

睡。长凳是他的床，棉衣是他的被子，哪里都可以入睡，哪里都可以奋斗。

当时睡在指挥部里的还有一位叫于龙淮的青年专家。小于看到钱学森这样一个大科学家竟然跟自己一样睡在这里时，他的眼泪在不知不觉中滑落了下来。第二天，当这位青年专家醒来时，他看到的是正在工作的钱学森。"小于，你的呼噜打得很有水平啊！"钱学森幽默地说。于龙淮害羞地笑了，他赶紧加入工作的行列，并且工作得更加努力了。

钱学森有在长凳上入睡的时候，也有通夜未眠的愁思，这是为什么呢？

那是在 1970 年，我国第一颗人造卫星发射成功后，钱学森就曾说要三步走，即"能上去""能回来""能占领同步轨道"。"上去"的问题解决了，他又开始思考"回来"的问题，这就是他对"返回式"卫星的研究。只有学会了返回技术，我们才能进行载人航天计划，这是他的另一个梦想。

1974 年冬天，在发射基地，钱学森与一批相关工作人员组织实施第一颗返回式科学探测卫星与"长征二号"运载火箭的发射试验。他们一行人在发射前聚在一起谈论着此次发射的一些情况，他们认为这次发射的成功性比较大，还期待着成功发射之后的庆功宴。可是，谁知在火箭起飞后20秒，第一颗返回式卫星爆炸了，很快地，它成为灰烬。大家的面部瞬时僵硬起来，心情都十分沉重。

钱学森难过的心情不亚于其他人。过了一会儿，他告诉大家，责任是他的，请大家放下包袱，赶紧找出失败的原因。

说找就找。在天寒地冻的基地，钱学森这一夜通夜未眠，他带领着大家寻找残骸。大家都劝钱学森不要跟大家一起寻找了，可是他仍然坚持。就这样，他在夜里带领着大家，走着，走着……他们三天三夜艰苦寻找残骸，结果发现问题竟然仅仅是由一根导线的暗伤而造成的电路短路！钱学森告诉大家一定要吸取教训，做事情必须要认真，不能输在小小的细节上！

之后，钱学森陪同张爱萍又一次去检查火箭的质量问题。钱学森召集大家，站在大伙儿面前，说："周总理曾讲过'一次成功，多方受益'。我们要时刻牢记周总理讲话的精神。现在我们也已经组织到东风发射的队伍了，这次去的人数达

300多人。我们这支队伍是十分浩大的，我们人多，就要利用人多的优势，就要统筹安排好我们每个人所要负责的任务。只有这样，才能确保问题一旦出现就有相关负责同志来解决。细致来讲，我们的队伍还要有政工人员，以及专门负责管生活的同志。任何出厂产品都要进行文字方面的登记，并且应该有负责检查此项产品的同志签名。我们要做到防患于未然，只有将工作做到细致入微，我们才能保证工作的顺利开展。"大家听完都纷纷表示一定会认真做好自己分内的工作。

这一次发射虽然成功了，但中间同样有个小插曲。在卫星上天后，它竟然产生了波动。那时大家的心情很紧张，有人建议把它收回来，但原计划是卫星发射三天后收回。钱学森对相关的人说，咱们赶紧去卫星测控中心看看什么情况，再进行处理！于是他们便前往中心了。在那里，钱学森问负责返回式卫星测控和回收方案的祁思禹要不要今天收回卫星，祁思禹非常确定地告诉钱学森可以按计划收回。钱学森望了一眼祁思禹，在关键时刻，他要果断地做出选择，他要相信祁思禹。钱学森说："就按你说的办，按计划收回。"

第一颗返回式卫星成功返回了！当它返回地面时，人群沸腾了！他们围得里一层外一层，钱学森只能在人群外面观望，他笑着和大家一起分享胜利的兴奋和喜悦。

点睛之人

在科学技术这条战线上，钱学森带领技术人员帮助我们国家实现了一次又一次突破。导弹、原子弹、人造卫星等技术的发展都与钱学森紧密相关，而且他总能在重要时刻、关键问题上给出点睛意见。就连核潜艇的问世也与钱学森有十分紧密的关系。

核潜艇是潜艇的一种，是以核反应堆为动力来源进行设计的潜艇。它的优势在于可以在水下航行 20 万海里，而且能很好地潜伏于水下几百天。最重要的是它装有核导弹，具有极强的震慑力。核潜艇可以凭借它的这些优势在全世界的公海里自由游走。鉴于此，国际大国都想拥有这样的武器装备。世界第一艘核潜艇"鹦鹉螺号"由美国生产。这样一种新式武器吸引了聂荣臻元帅的眼球，他召集各路领导与科技人才商谈进行核潜艇研究的计划，钱学森自然包括在内。

钱学森主要研究的是导弹，核潜艇的研究并不是他所擅长的领域，所以，在核潜艇的研究过程中，他所做的就是一些辅助性但又很关键的事情，其中之一便是推举人才。他推荐了黄纬禄，建议研究团队让黄纬禄任核潜艇研制的总体设计师。

黄纬禄曾是钱学森导弹研究院的一员，曾做过国防部第五研究院二分院液体战略导弹控制系统的总设计师。在黄纬禄的印象中，钱学森是这样的，"他渊博的知识将报告讲得深入浅出。他的建议触动了在场的高级将领，但也有很多人疑虑我们能不能行。钱学森坚定地说，我们中国人不笨，外国人能搞的，中国人也能搞出来""钱学森同志是一位科学大家，是领导，但他平易近人，没有一点架子，很注重技术民主""钱学森同志是非常具有远见卓识的"①。黄纬禄的回忆将钱学森的形象完整地呈现了出来。钱学森慈祥、和蔼可亲，他脑海里装的是无穷尽的知识，他更抱有对祖国的一腔热血，与对国家富强的坚定

---

① 黄纬禄：《他永远活在我们心里》，《航天工业管理》，2009 年第 11 期，第 1 页。

信心。

　　由黄纬禄负责总体设计的中国第一艘鱼雷攻击型核潜艇，于 1971 年 8 月 23 日开始进行航行试验，至第二年的 4 月份一共航行 20 余次。从此，我国在海上也有了强大的军事力量，这增强了我国的国防力量，提升了我国的国际地位。

　　在核潜艇的研制过程中，钱学森曾任核潜艇工程领导小组的副组长，负责核潜艇研制的各项工作事项，他对核潜艇的研究也有着自己独到的见解。在一次对核潜艇研制问题进行讨论的会上，他还做了汇报，并建议在场的领导们要进行航天远洋测量船的研制。他更是详细地阐述了他的理由，他说："各位领导，我认为航天远洋测量船的研制工作是非常重要的，而且需要尽快开展。远程洲际导弹射程远，不同于我们以往的导弹试验，虽然之前已经进行了多次短射程的飞行试验，但如果不经过全射程试验，是不足以完全检验它们的技术性能的，我们的导弹必须搞全程试验，没有航天远洋测量船是无法进行的……"他心里非常清楚核潜艇的重要性，更懂得在我们有了核导弹技术之后，进行核潜艇的研究是多么明智。

在研制导弹、原子弹、人造卫星等技术上，每次遇到关键问题时，钱学森总能给出指导性的建议，而且他每次说"就这样做"时，结果都如他所说的那样，他赢得了领导们的无限信任。这次同样也是如此，会议到最后，主持会议的叶剑英说："挺起腰杆干！"于是，航天远洋测量船也被纳入了研制的计划中。

1972年6月4日又是让钱学森难忘的一天。在这一天，我们国家的潜艇水下模拟弹发射成功了，这意味着我们又超越了自己。他对在场的人说："了不起啊，这是中国人民的创造！"中国人民的创造是了不起的，钱学森为了国家能了不起一直贡献着自己的知识。

20世纪80年代中后期，我国研制出"海鹰"系列导弹，这也与钱学森有很大的关系。这是怎么回事呢？原来钱学森早就给研究人员提过建议，他认为将"海鹰"系列导弹从雷达制导换成红外线制导将是不错的选择。钱学森总是以前瞻性的眼光对待新技术，也总是很关心我国的科技发展。后来在钱学森的建议下，"海鹰"系列导弹的威力大大加强，震慑力之大不亚于美国的"鱼叉"系列导弹、苏联的"冥河"系列导弹、法国的"飞鱼"系列导弹。

钱学森的大脑里仿佛充满了用之不竭的科学知识。他为中国科技事业付出了太多太多。原子弹、导弹、卫星、航天飞船、核潜艇等科研成果都是在他的设计、研制与主持下完成的。如果没有这些，就没有我们今天发达的科技。钱学森是有理想的人，青春年少的梦、青春时的抱负，在他广泛的阅读、努力学习的基础上，一一成为现实。我们应敢于做梦，更应努力将梦变成美丽的现实。

思忖科协

1976年"文化大革命"结束，全国各地呼吸着一片自由的空气。既然"文化大革命"已经结束，我们那些因受"文化大革命"阻断的科学技术活动怎么办呢？钱学森思考着。良久后，他心里有了打算。他认为应先从中国科学技术协会来抓。他还思考到一系列关于科学战线所出现的问题，这些问题都应该找专门负责的同志来商量，他想。这样，他便想起了科协的副主席周培源。

一天晚上，钱学森去北京大学找周培源教授商量科协该怎样开展工作。那天晚上，中国科协的王文达、章道义也在周培源家里。

钱学森见到大家很开心，说："趁着大家都在，我们想想科协该怎么开展工作。"

大家都赞同先请钱学森发表意见。

钱学森说："众所周知，科学工作并没有完整的组织体系。这相对于那些有完整组织体系的单位来讲，科学工作的恢复将是十分困难的，并且我们科技战线受'四人帮'的影响极深啊！"

说到这里，他停顿一会儿，满含深情地问大家："我们科学技术各部门之间是相通的，是横的部门，这样恢复起来很难，那我们该怎么办？"

"这是我今天想跟大家讨论的重要问题，"他略微停顿一会儿，继续说，"这些横的部门，比如像三、六、七机部，它们都有一套自己的研究机构，而且它们都是自己搞自己的，它们之间并没有往来。现在有了一个情报网，它可是发挥了不小的作用，它总算让这几个部门之间开始有了些交流。但是怎样继续保持这种状态呢？没有哪个单位进行过思考。这样来看，科学战线的问题便是科学技术各部门不相互学习、交流、启发的问题，就连整个学科的规划，都无人问津。"

其他人听着钱学森的讲话，纷纷点头表示

赞同。

这时，钱学森情绪高昂，说："那该如何解决？我想这个问题既然存在，党中央就一定会重视并加以解决的，总归会有一个像以前国家科委那样的单位来做各部门之间方向、任务的协调工作。但是，除此之外，如果还有其他单位一同来做这件事，效果岂不更好？"

接下来，钱学森建议这个单位应该由科协先来打头阵。他认为科协有这个能力，而且他希望国家把这个艰巨的任务交给科协，让科协打破各个部门不相往来的局面，让大家学会相互交流。

除了科协，钱学森还想到了学会。交流不单是国内科技部门之间的交流，更应该包括与国际科技部门之间的交流、学习。"不研究国际，不看国际上人们在做什么，我们是会吃大亏的。"他言之凿凿，而且还指出了我国目前在国际科技交往上的欠缺，即我们研究国外科学技术的情况还很少。针对这一问题，钱学森提出向国外学习科学技术的任务应交给学会的建议。

这时，周培源说："我认为您刚才讲国际交流这一点非常关键。我给大家讲个事情。梁思成逝世时，在美国的费正清的夫人给我写信，说要写纪念梁思成的文章。原来他们居然对梁思成的情况知道得非常清楚。所以，没有国际交流是不行的。"

王文达、章道义也都赞同国际交流是必需的。

钱学森考虑得很多，他还说："科协应该多培养年轻人，让年轻人多参加些科协和学会的活动，这样才能提高他们的业务、外语等水平，继而才能有所进步嘛。但是现在还有一个问题，这就是科学普及的工作也亟须认真思考。我们该用怎样的方式传播给工农兵和青少年听得懂、学得会的科学技术知识？说到这个，我突然想到现在的科教片了。通过我对这些科教片的了解，我认为它们还没有达到这种效果，而好的片子、好的电影应起到这种作用。"

"还有一些学校，如七·二一大学、五·七大学等，以及一些业余科技教育，都可以起到此方面的作用。"周培源补充道。

章道义听后点点头，说："我觉得广东、上海、天津等地方科协的一些业余科技大学的教学效果很不错，我们可以向他们学习。"

钱学森语重心长地告诫大家科协和学会的工作是很难的，需要全国各地科技工作者的共同努力。那么，该如何做呢？

这时，钱学森眉头紧锁，思考片刻，说："在我看来，当前，一要认真地总结过去正反两方面的经验，好好地分析分析哪些是做对了的，哪些是错的，之后发扬成绩，改正错误……二要调查研究一下国外的经验。毛主席《论十大关系》中提出外国的好的东西还是要学的观点，我们应认真贯彻。现在外国的专业学会名目繁多，我们要分析一下这里面哪些是合乎自然科学本身发展规律的东西，学习他们有用的经验，去除他们不好的东西。"

最后，他充满激情地跟大家说："那就让我们把这项任务搞起来吧，'要搞起来''要赶快干'！"

大家被他缜密的思考，以及他澎湃的激情所感染，纷纷开始开展这项任务。

1977 年钱学森写了一系列关于提高科学技术的文章，用来鼓舞大家。《科学技术一定要在本世纪内赶超世界先进水平》在 1977 年 7 月发表于《红旗》杂志的第 7 期，其中有一段话是这样的，"伟大的领袖和导师毛主席发出了伟大号召，要我们发扬革命精神，用五六十年的时间，在经济上赶超美国；毛主席说：'超过美国，不仅有可能，而且完全有必要……'"钱学森对我国的科学技术的发展充满了信心，他认为我国科学技术的发展速度，肯定会比资本主义国家前进的速度快，而且终究会赶上并且超过他们。

你看，钱学森为了科学技术的进步又开始忙碌了。他参加科学技术协会、自然科学学科规划会议、全国科学大会等。1978 年改革开放，他从"解放思想、实事求是"的角度来思考问题。1979 年他发表《组织管理社会主义建设的技术——社会工程》，文中说要解放我们的思想，研究能够进行社会主义建设的技术。他还提出要建立马克思主义科学学。同年，他还提出"人体科学"的概念，从开发人的潜能的角度进行人体特异功能的研究，鼓励大家要有创新的勇气："一项新的科学研究，在刚提出的时候总是有人反对，带头的人也总是要受到反对，因此要有勇气、要挺住腰板。"

他就是这样地爱国，这样地为祖国科技事业燃烧着自己……

那人那情

"文化大革命"期间，钱学森经历了众多好

友的离去，有的因病而死，也有的壮烈牺牲。

最悲痛的是他在那期间失去了他的挚友——郭永怀，那是他最难过的事情。郭永怀在1968年12月5日凌晨乘坐从兰州到北京的飞机，飞机突然发生故障，致其死亡，郭永怀离世时年仅59岁。在清理飞机事故现场的时候，大家看到了特别感人的一幕——两具尸体紧紧抱在一起！或许这对于普通人来说，并没什么，不过是一对相爱的人最后的凄苦离别，但是对于科学家而言，它是那样感人。实际上，这是两个为科学技术捐躯的人，他们是郭永怀和他的警卫牟方东。他们临死之前紧紧抱在一起，夹在他们中间的是一份完好无损的保密公文。这份文件记载的正是很快要发射的热核导弹的相关试验数据。他们在生命的尽头，想到的是国家的安全和机密问题，而不是个人的生与死。他们没有选择逃生，而是选择保护国家机密文件！生死只在几秒之间，他们完全放弃了生的可能，他们为国牺牲，为科学事业壮烈牺牲！

钱学森在得知这一消息后，万分悲痛。钱学森与郭永怀在美国的时候就已经是挚友。他曾说过在美国的朋友中，只有郭永怀最懂他。当钱学森写信告诉郭永怀希望其回国工作时，郭永怀就很快地回国，他们两个人之间的友谊就是这样深厚。郭永怀擅长核导弹，他是一个如此年轻而又闻名全世界的优秀力学家，可他就这样离开了人世！钱学森在《写在〈郭永怀文集〉的后面》一文中感慨他的离去："郭永怀同志因公乘飞机，在着陆事故中牺牲了。是的，就那么十秒钟吧，一个有生命、有智慧的人，一位全世界知名的优秀应用力学家就离开了人世：生和死，就在那么十秒钟！"

更加令人悲哀的是当郭永怀的飞机发生事故时，他的夫人李佩正在接受造反派的"审查"，造反派认为她是"特务"。郭永怀是世界知名的力学家，他如此爱国，他的夫人的境遇却是如此之惨。当她得知丈夫牺牲后，哀痛不已，但是她只能忍受造反派给她的罪名。在 1970 年至 1973 年，她一直在安徽合肥过着被审查的日子。后来，她的女儿郭芹因病而先离开了她，她剩下的人生时光，是凭着坚强的意志度过去的。她是无私、伟大的。在 2007 年，她把 30 万积蓄捐给了中国科技大学，设立"郭永怀奖学金"。

1969 年钱学森的父亲去世，中央文史馆在八宝山革命公墓为钱均夫举行告别会。之后，钱均夫的骨灰被送至杭州，与章兰娟合葬在一起。父亲的离去，令钱学森肝肠寸断。他回忆着父亲对他的疼爱、教育……他的眼泪止不住地流。父亲的启蒙、教育让他终身受益啊！

在经历亲友的离去后，钱学森在 1976 年 1 月 8 日又泪如雨下。因为那天，敬爱的周总理去世了。钱学森在广播里突然听到哀乐声——周总理逝世！听到这个消息，钱学森痛哭流涕，瘫坐在沙发上。他想起自回国至今，待他无限好的周总理竟然离去，实在难过至极。当年钱学森把在美国的境遇写信给陈叔通后，陈叔通把信给了周总理。之后周总理便竭尽全力争取钱学森回国。在钱学森回来之后，周总理又给了他一次次在制订科学计划与进行科学试验上的信任。"文化大革命"期间，周总理又对他给予保护……在回忆中，他悲痛万分。蒋英听到消息后，也从卧室中赶过来，他们抱头痛哭。

痛定思痛，钱学森告诉自己要在有生之年不辜负周总理的期望，在祖国今后的建设中，尽自己最大的努力。他把孩子们叫过来，说："永刚、永真，你们要记住，周总理是咱们家的救命恩人。如果没有周总理的保护，恐怕你们的爸爸和妈妈早已不在人世了。"然后，他把毛泽东主席和周恩来总理1945年在延安的合影找来，放进一个镜框里，把它挂在客厅的墙上，这样他便能时刻感受周总理的存在，感怀过去，也激励自己。在以后的日子里，钱学森还找来周总理去世前的几年参加活动的照片，看着那些照片，他不禁感慨万分。为了纪念与珍藏周总理的照片，他还把刊物上有周总理照片的都剪下来，按照时间先后的顺序，一张一张用心地贴在相册里。

周总理逝世一周年的时候，钱学森深情地发表回忆文章《怀念周总理，努力实现科学技术现代化》。在文章中他追忆了周总理对我国革命建设所做的贡献，以及对自己的教诲，"伟大的领袖和导师毛主席很关心我，曾多次给我指明革命的前进方向，而周总理则可以说是拉着我的手教我怎样走革命的路。当我们工作有点成绩的时候，敬爱的周总理总是给予鼓励并提出新的要求；当我们工作受到挫折的时候，周总理总是要求我们认真总结经验，以利再战。总理尤其是重视教育我这样的从旧社会过来的知识分子，鼓励我努力改造世界观；每次总理在对我进行教育的时候，态度又是那样的亲切、热情，我深切感到党无比的温暖和关怀"。

一个伟大的科学家，也有着人间的柔情与至情至性，这是他人格的另一面。

待续与谢幕

1966年3月底至4月初，在钱学森主持的一次会议上，制订了我国载人航天以及研制宇宙飞船的发展规划。1967年，钱学森带领大家研究载人航天飞船的具体事宜，并确定我国第一艘载人航天飞船要运载2名宇航员，飞船的名称是"曙光一号"。之所以选择2名宇航员有两个方面的原因，一方面，解决航天飞船上的医学与工程问题相当困难，当时苏联与美国的航天飞船都不敢装进5名宇航员，我们也应在人数的选择上慎之又慎；另一方面，若选2名宇航员，他们之间可以做到相互照顾。

对这项计划，钱学森倾注了很多的心血。他在1967年9月11日的中国返回式卫星会议的开幕式上提出"航天"一词。他认为"航天"是指大气层以外的飞行活动。大气层以内的飞行活动叫作"航空"，太阳系以外的飞行活动叫"航宇"。除定名称之外，他还成立了训练宇航员保证其健康、安全、高效率工作的宇宙医学及工程研究所。自从我国航天事业建立后，他就抓紧时间给宇宙医学及工程研究所调集大量优秀人才。在之后的日子里，他一直对宇航员训练中心保持着关心。

即便是在"文化大革命"期间，钱学森仍然带领大家研制载人航天飞船，这在我国航天史上是极为关键的一笔。1969年11月，钱学森参与了宇宙医学及工程研究所的载人航天具体研究计划的讨论。在讨论的过程中，他以非常民主的形式听取大家的意见，经过多次商定，最终确定了"曙光一号"载人飞船的医学方案。就在1970年"东方红"卫星发射成功80多天后，毛泽东主席批复了钱学森主持起草的载人航天的报告。那一天是7月14日，于是我国的载人航天计划就叫作"714工程"。终于可以进行载人航天的研制了，钱学森激动地说："把载人航天的锣鼓敲起来！"

紧接着，1971年空军"宇航员训练筹备组"也成立，这真让人喜悦！可是就在同年发生了一起特殊事件，受这一事件的影响，从上千名歼击机飞行员中选出的19名宇航员在11月份得到通知仍回原单位工作，"宇航员训练筹备组"也由此解散。这时，载人航天计划被搁置起来。

载人航天计划是钱学森的一个"梦"，在他退休之前，他没有看到它的实现，但是他十分迷恋这个梦，在之后退休的日子里，他还是一样将它挂在心里，并且在之后的几十年里，钱学森对宇航员中心的关注和支持未曾间断过。他还经常来中心进行学术讲座，组织技术研讨会，有一段时间他几乎每周来一次。据杨利伟回忆："在我们中心，经常可以听到钱老呕心沥血、精心培养航天医学工程研究人才的故事。从 1977 年至 1999 年，钱老和中心有关同志的学术交流信件多达 120 余封，从模拟器研制到空间脑科学的研究，从航天医学工程学科的建立到相关装备的研制，他都提出了许多独到的见解和系统论思想。在钱老的指导下，我们总结多年来载人航天医学工程科学实验的经验，探索形成了'人—机—环境'系统工程学这门崭新的综合性边缘学科。这是钱老留给我们的最宝贵的科学财富，至今让我们受益无穷。"[①]

①杨利伟：《继承钱老遗志　矢志航天报国》，新华网，2009 年 11 月 9 日。

钱学森主持的"曙光一号"飞船为中国做了很大的贡献，他不但培养了大量的科技人员，而且还摸索出了如何选训宇航员，以及宇航员们需要什么条件的经验。国内十几个省市一千多个科研单位一起参加"曙光一号"飞船的研制，科研项目大量增加，带动了一大批科研人员的工作。

如果说载人航天计划是钱学森的一场未完待续的梦，那"东风五号"就是一场完美的谢幕。

"东风五号"是"东风"系列导弹的最后一个型号。1980 年 5 月 18 日 10 时，在发射基地，一声"发射"号令之后，"东风五号"射入太平洋，发射成功。

"东风五号"从 1971 年开始研制，经过了 9 年的时间，钱学森终于等到它即将发射的时候了！1980 年 5 月 5 日，钱学森和其他相关领导来到基地，为全体人员做试验前的动员。那时，钱学森的心情很复杂，他既忐忑，又迫切期望这次的发射能够成功，他希望给"东风"系列画上圆满的句号，为国家交出一份满意的答卷。越紧张，越害怕，他越小心翼翼。面对着那么多双疲惫而又期待的眼睛，他告诉自己一定要相信我们的技术，相信我们自己。最后他告诉大家，"20 年以前，我们着手试验第一枚近程导弹时，陈毅副总理曾经对我说过这样一句话：'你们的导弹上去了，为国争了气，我这个外交官出去，腰杆也就硬了。'60年代初，我们的近程导弹上去了，为祖国争了气；今天，我们的远程导弹也要上去，为祖国再次争光。洲际导弹掌握在帝国主义手里，便会成为他们称霸的资本，掌握在中国人民手中，便会成为世界和平与安全的保障……从这个意义上讲，我们每一位参加研制、生产、试验的科学工作者、工程技术人员、工人以及解放军指战员，都是世界和平的保护神！"① 他讲得太好了！回顾研制导弹的这一路，有着我们科技人员太多的辛勤汗水，有着那么多次失败的难过与成功的喜悦，也有着钱学森步履匆匆的背影，这些终于换来了今天我们国家科技的强盛，国际地位的提高……大家听着，回忆着，心潮澎湃着！所有人的情绪都被带动起来了，他们暗暗发誓要为祖国的航天事业努力奋斗，为祖国争光，维护世界的和平。

全世界的目光都投向了中国。

---

① 霍有光：《钱学森年谱》，西安：西安交通大学出版社，2011年版，第354页。

钱学森对这第一枚远程洲际导弹发射非常在意、关心。然而天有不测风云，发射前一天基地的天气十分恶劣，钱学森害怕这万一是真的不测呢，他深深地担忧着。18日上午，他很早便来到指挥所大厅，看着电视屏幕上基地的各种情况，紧张着、祈祷着、等待着。

一切正常，飞行试验获得圆满成功！

这时在指挥所的钱学森终于不用再紧张了。看到"东风五号"成功发射，他的心里乐开了花。81岁的聂荣臻元帅在观看完发射实况后，十分开心，他拿笔写下贺词："热烈祝贺参与发射运载火箭的全体同志工作取得圆满成功。这是自力更生，艰苦奋斗，同心同德，大力协同的伟大胜利！"

这是一枚远程运载火箭，是钱学森所确立的近程、中程、远程三个阶段目标的最后一个目标。这一天，洲际导弹的成功发射，实现了中国第一代导弹研发的终极目标，钱学森的使命也已经完成。就让我们一起为国家喝彩，为钱老喝彩吧！

第七章
辉煌晚年

"飞船案"

早在 1970 年，钱学森就向国家提出过实施载人航天计划，只因为受特殊时期的影响，它才被搁置起来，这种情况一直持续到 1986 年。然而在这年的春天，这项事业携着满满的希望开始了。

就在 3 月初的一天，邓小平收到了一份由王大珩、王淦昌、杨嘉墀和陈芳允所写的《关于跟踪研究外国战略性高技术发展的建议》的报告。这份报告中有一项是关于多年前载人航天计划的建议。邓小平认真看完报告，特意在载人航天计划那里做了批示，指出这条建议十分重要，"请找有关专家和有关负责同志，提出意见，以凭决策。此事宜速做决断，不可拖延"。

很快，邓小平的批示便得到了回应。数百位

专家聚集在一起，对建议进行讨论，经过集思广益与反复论证，最后制订出《高技术研究发展计划纲要》（简称"863 计划"），并且得到党中央、国务院的批准。"863 计划"指的是在 1986 年 3 月制订的计划，包括生物技术、航天技术、信息技术、自动化技术、能源技术、新材料技术等内容。因为航天技术位于这些技术中的第二位，所以此项技术被命名为"863—2"。在航天技术领域里，还有两个子部分，即"863—204"和"863—205"。"863—204"是大型运载火箭及天地往返运输系统的代号，"863—205"是载人空间站系统及其应用的代号。

就这样，载人航天计划又被提上了日程。虽然钱学森已经退居科研二线，但是这一计划离不开钱学森的重要指导。

众所周知，载人航天计划需要先进的医学知识，在刚确立这项计划的时候，国家就成立了宇宙医学及工程研究所，它之后改为"北京航天医学工程研究所"，归属于"五院"，称"507 所"，成为培养、训练宇航员的基地。在确定载人航天计划又要实施的 1986 年，钱学森去北京航天医学工程研究所做的报告不下 15 场。他懂得航天医学工程研究所是载人航天计划中不可或缺的一个部门。他带着对航天的由衷热爱，以及对所里人的深厚感情，来讲他对科研、医学的认识。他告诉青年们要热爱科学事业，要多掌握知识与过硬的本领。他与大家的感情十分深厚，所里的人都十分尊敬与崇拜这位科学巨人。12 月 11 日是钱学森的生日，航天医学工程研究所的领导带着所里所有人的心意向 75 岁的钱学森表示生日祝贺。

在之后的日子里，钱学森的身影也不断地出现于航天医学工程研究所里，并对所里的年轻人进行关心与指导。

钱学森还惦记着"863 计划"的事情，他给相关人员写信，询问"863 计划"的进展情况，在信中还嘱咐专家们不要"忘记党和国家给他们的重任"，"863 计划"应该"要确定发展战略，选择突破口，组织攻关，以求必胜""这是分量不清的责任；将来'千古功罪，自有评说'！"①。

"863 计划"开始后，清华大学为此召开了"863 计划"智能计算机专家全体成员交流大会。那天，钱学森也应邀来到了这里。他笑容满面地

---

①涂元季：《钱学森书信》，北京：国防工业出版社，2007 年版，第 72—73 页。

坐在座位上，接受着大家的问候。他看到这年轻的一代，看到这些祖国的栋梁们，就仿佛看到了科技事业的美好前景，他十分高兴。

这时，大家邀请钱学森给大家讲话。他笑着说："我不是计算机专家，我是来向各位学习的。"但大家热情极了，都想聆听他的教诲。盛情难却，钱学森就面带微笑地给大家讲了人工智能技术的 11 个方面——人工智能、脑科学、认知心理学、哲学、与形象思维有关的文学诗词语言、科学家关于科学方法方面的言论、社会思维学、模糊数学、并行运算、古老的数理逻辑、系统理论及系统学。他还强调智能的思维过程就是一个由模糊到清晰的过程，创造性的思维也会呈现这样一个过程，"创造、智慧、智能"的优势正是如此。钱学森指出的 11 个方面，正是 21 世纪世界人工智能发展的方向。他在 70 多岁时所提出的观点在我们 21 世纪成为现实，果真是伟大的科学家！

1987 年，"863 计划"的专家小组进行了一场声势浩大的关于是选用宇宙飞船还是航天飞机进入太空的讨论。绝大部分人都主张用航天飞机，因为这是一项新的技术，他们很期待应用新技术。1981 年，航天飞机由美国研制成功。这之后，美国就一直选用航天飞机飞入太空。这个时期，苏联也研制出了 5 架航天飞机，但是仅有一架飞机在 1988 年飞入太空。日本这时也在研制航天飞机。新时期的中国，自然也想紧跟时代潮流。1987 年 4 月，"863—204"专家组发布《关于大型运载火箭及天地往返运输系统的概念研究和可行性论证》进行招标的通知，很快就有 11 种方案被提出。"863—204"专家组选了 6 种，其中 5 种都是关于选用航天飞机的，而只有 508 所坚持用宇宙飞船。

但是最终用哪个方案还是没有定下来。为此，专家小组于 1988 年 7 月 20 日至 31 日在哈尔滨又进行了一场大型的民主的讨论会。讨论会现场采用打分制，经过现场所有人的投票，最后选用航天飞机和宇宙飞船的分数分别是 83.69 和 84。尽管如此，大家认为两者各有优势，争论相持不下，最后仍然没有定论。到了 1989 年，这种情况还在持续，在当年的 8 月，国家航天领导小组办公室主任丁衡高收到一封来自航空航天部火箭技术研究院高技术论证组的信，信中表达了他们的两种观点，一种是认为航天飞机方案优于宇宙飞船方案，另一种是载人飞船方案组认为宇宙飞船适合我国国情。在屡次讨论无果的情况下，国家航天领导小组将意见呈送中央，并复印一份交给钱学森。

当钱学森看到这份报告后，他心里非常矛盾，因为他已经退居二线，不方便再发表什么意见。可是当他认真看完报告后，他有话想说，因为他希望国家科技强大，希望我们的科学研究少走一些弯路。于是，他提起了笔，写下"应将飞船案也报中央"这无比厚重的几个字！

仅仅9个字却道出了钱学森内心的想法。钱学森在关键时刻做出的决定是对的，他认为应该选择宇宙飞船的方案自然也是对的。这不仅仅因为他是一个伟大的科学家，更重要的是他对我国载人航天计划的深入了解。他认为在我国具体的国情下，更应该选择宇宙飞船。

最终在1992年1月8日，中央专门委员会的第五次会议决定："从政治、经济、科技、军事诸多方面考虑，立即发展我国载人航天是必要的。我国发展载人航天，要从载人飞船起步。"同年底，我国载人飞船工程（"神舟"载人飞船工程）正式投入研制。1999年11月20日，"神舟一号"载人飞船首发成功，中国成为世界上第三个拥有航天技术的国家。

首发成功后，王永志就将一个"神舟一号"的模型送给了正在过 88 岁生日的钱学森。他拿到那个礼物后，开心极了，他说那是他最喜欢的礼物。那也是他期盼了那么多年的礼物。

系统论

1981 年，钱学森 70 岁，由于年龄关系，钱学森辞去了一线的领导职务。虽然没有了职务，但是他仍然笔耕不辍，积极地进行科学研究。在此阶段，他更是对各领域、多种事务进行了全方位地思考，尤其是对学术的思考，他特别有一番见地。他从自然科学领域跨到社会科学领域，深入学习、钻研马克思主义哲学，还将自然科学和社会科学进行结合。他在学术上所做出的卓越贡献包括了思维科学、人体科学、系统科学。在他退休的日子里，他继续为党、为国家、为人民服务、创造，散发着身上最后的丝丝热量。

1981 年，钱学森在《自然》杂志第 1 期上发表了《系统科学、思维科学与人体科学》，高屋建瓴地提出建立三门新的科学大部类：系统科学、思维科学与人体科学。钱学森的系统科学源于他的系统工程论。20 世纪 80 年代，人工智能成为国际上的热门，钱学森站在科学发展的前沿，提出创建思维科学。他认为思维科学是处理意识与大脑、精神与物质、主观与客观的科学。他主张思维科学应同人工智能、智能计算机技术相结合，这样的观点是具有独到眼光和前瞻性的。钱学森还是人体科学的积极倡导者。他认为人类对自身的认识远没有完成，人类的潜力没有被完全开发，因此可以对此进行科学研究，进一步激发人的潜能。钱学森从 70 岁开始，所写的文章，以及他所参加的活动，都是从系统科学、思维科学与人体科学这三方面出发的。

钱学森的系统论最初见于 1978 年 9 月 27 日《文汇报》上发表的《组织管理的技术——系统工程》。这篇文章深入浅出、通俗易懂地告诉了读者什么是系统工程。那么，钱学森的"系统"是什么意思呢？系统在这里就是整体。国家、社会是大的系统（整体），各个不同的领域是部分。各个领域又可以作为小系统进行更小地划分。他的系统理论是辩证唯物的理论，因为它不仅强调了整体的重要性，而且还论述了系统与部门、整体与部分的联系，他说："不讲整体不行，只讲整体也不行。"

随着年龄的增长以及个人阅历的丰富，钱学

森的眼界越来越开阔，他将系统科学应用于整个社会的各个方面，比如人才系统、法制系统、现代化建设的系统、经济系统、地理学系统等。小说、戏曲、诗歌、散文等组成的文学艺术系统、环境系统、农业系统也是他系统论的重要内容。"钱老从系统科学思想出发，从整体上去认识和把握人类认识世界和改造世界的知识结构，提出了现代科学技术体系和人类知识体系，这是钱老对现代科学技术发展的系统性和整体性贡献"。[①] 这是钱学森系统论的实践意义，他不仅将系统论应用于科研领域，而且还应用于人类的知识体系中。

钱学森在进行科学试验的时候就应用过系统理论，比如他主张设立的总体设计部便是此理论的具体应用。退休之后的钱学森，还将系统理论扩展到社会主义建设的各个方面，他的系统论得到社会各界的认可。看到此种情况，钱学森心里自然很欣慰。他认为这种系统的思想是正确的，他要与研究者，乃至各行各业的相关人士分享、学习这一思想。于是，他步履匆匆地来到中国人

---

①于景元：《钱学森系统科学思想和系统科学成就》，《中国航天报》，2011年第12期，第1页。

民解放军总部机关领导同志学会，以及其他多种形式的学术讨论会上做演讲。

如果想对钱学森的系统观点进行了解的话，可以读他在 1982 年出版的《论系统工程》。这本书里包含了他与合作者对系统工程进行研究的 20 篇论文。1983 年 2 月 2 日的《人民日报》发表《"论系统工程"出版》的文章，认为此书告诉读者可以用系统的观点和方法来获得最佳的经济效益。

除了发表一些关于系统论的文章和做此方面的演讲之外，钱学森还在 1986 年开设系统讨论班。1985 年底，钱学森曾找航天工业部 710 所的于景元，商量开办系统讨论班的事情。钱学森见到于景元后说："系统论是非常重要的，我决定开办系统讨论班，让年轻人多学习。"于景元听完钱学森的话后，就立即进行系统讨论班的准备工作。他列出能够参加讨论的专家学者的名单给钱学森，然后向其询问开班的时间。钱学森告诉他："这事不宜迟，就在元旦过后办吧，但是得是周二。"于景元翻了翻日历，看到元旦后的第一个星期二是 7 号，就问钱学森是否可以，钱学森表示同意。

时间一晃而过，元旦过后的第一个周二，系统讨论班便成立了。那天，钱学森来给大家讲

"为什么要创立和研究系统学"。那时他讲课的逻辑依然是那么清晰，声音也很洪亮，他深入浅出地给大家讲系统学。这个讨论班的每一期，他都来参加。来自中国社科院、北京大学、中国人民大学、航空航天工业部等单位的中青年学者是参加此次讨论班的成员。这个讨论班需要主讲人先讲一到两个小时，然后大家再进行讨论，最后由钱学森进行小结。这些中青年学者在这里得到了钱学森的指导，大大增加了他们的知识储备。钱学森很和蔼可亲，他经常与大家交流，讨论的过程中，他听到很好的想法时，便表扬提出的那位学生，并鼓励他继续钻研下去。参加讨论班的中青年学者们，还有幸见到了很多领域的专家们，比如叶笃正、吴文俊、许国志、马世俊等人。

《一个科学新领域——开放的复杂巨系统及其方法论》是钱学森系统论思想的又一次提升。这篇文章发表于 1990 年《自然》杂志的第 1 期上。之所以称它是提升，是因为钱学森将"经验和专家判断力相结合的半经验半理论的方法"进行提炼，得出"开放的复杂巨系统"的概念。他还提出产生这个概念的方法，那就是"从定性到定量综合集成方法"，即把各种意见集合起来，使它成为一个完整的定量的结论。

之所以称它很复杂，原因是这个系统拥有成千上万的子系统，而且种类繁多，为了获得信息，我们需要一种相应地从定性到定量的集成方法。因此，"复杂巨系统"是针对"简单系统"而言，"集成方法"是相对于"还原方法"而谈的，也就是说，"开放的复杂巨系统"因使用综合集成的方法而超越了简单的还原论的方法。在这个系统里，信息量太大了，自然光靠人的劳动是不行的，因此，钱学森认为这就需要人与计算机的齐力，在人机的作用下才可以产生新的、深层次的智慧，这就是他所说的"集大成，出智慧"，即他所提出的"大成智慧工程"。那时，他还把"总体设计部"应用在那里。他指出"开放的复杂巨系统"有时会出现问题，那时就需要进行协调、解决问题的部门——"总体设计部"。钱学森的这一建议被很多单位采纳，并且那些单位也都取得了很好的收效。

从系统论出发，钱学森又有新的发现，提出"现代科学技术体系结构"。这个体系结构有 11 个部门，包含人文、科学、地理、数学等的知识体系。在整个知识体系中，又有一个体系结构将所有的知识进行串联，其中整个体系最底层的是前科学层（只讲"是什么"的知识），最顶层的是马克思主义哲学。他的知识体系结构最终上升到哲学层面，他认为应该用哲学来指导具体科学，而这个总的哲学依据就是马克思主义哲学，并且每一个知识体系又有不同的哲学依据，比如他说人体科学的哲学依据是人天观，社会科学的哲学依据是历史唯物主义等。

　　钱学森的系统论经历了从简单到复杂再到综合集成的过程。他的这一成就在国内外都非常有影响力。在钱学森等著的《论系统工程》（1988年版）中，指出："钱学森是我国系统工程和系统科学事业的开拓者和奠基者，他在这方面发表了大量文章和著作。"在许国志的《系统科学大辞典》的序言中，国际著名的系统学家哈肯说："系统科学的概念是由中国学者较早提出的。我认为这是很有意义的概括，并在理解和解释现代科学，推动其发展方面是十分重要的。"

"山水草原"

　　钱学森研究的领域既有天上的导弹、火箭、航天飞机，也有对地上人的研究，以及对城市、山水、草原的研究。

"我近年来一直在想一个问题：能不能把中国的山水诗词、中国古典园林建筑和中国的山水画融合在一起，创立'山水城市'的概念？人离开自然又要返回自然。社会主义的中国，能建造山水城市式的居民区。"[1] 这就是钱学森"山水城市"的研究，他要将古典山水诗词入画入城，这多美！

钱学森与北京的渊源是从他3岁开始的，那时他才刚刚到北京生活。他在北京居住了10多年，直至高中毕业才离开。他再次回北京长期居住时，已经是新中国成立后的1955年了，之后便一直住在那里。钱学森对北京的感情很深，但是当他年少离开再回来的时候，他发现北京的旧城没有了，城楼昏鸦看不到了，老北京的味道俨然没有了。"现在我看到，北京兴起的一座座长方形高楼，外表如积木块，进去到房间则外望一片灰黄，见不到绿色，连一点点蓝天也淡淡无光。"[2] 他深深地怀念老北京城。他开始思考这就是他所生活了那么

①涂元季：《钱学森书信》，北京：国防工业出版社，2007年版，第317页。

②涂元季：《钱学森书信》，北京：国防工业出版社，2007年版，第473页。

多年的北京城么？它怎样可以变得更加富有诗意呢？这样，他的"山水城市"观念便涌上心头。

都说"上有天堂，下有苏杭"，苏州的园林，又是更胜一景。那园林里的山与水、景与物形成了浑然天成的美景，而这样的建筑风格，在钱学森这里亦有。他在1958年便发表过《不到园林，怎知春色如许——谈园林学》的文章，1983年提出建立园林学，1984年提出"构建园林城市"的想法。最重要的是他首创了"山水城市"的概念。

1990年7月31日，钱学森给清华大学吴良镛写信时，首次提出了"山水城市"的概念。他想将我国古典的美与现代的建筑融合在一起，将园林的艺术置于城市的建设中。

之后钱学森便想与多个领域的研究者联系，共同探讨"山水城市"的构想。他写信给孙大石，询问是否可以发展一种新的中国画领域——城市山水。他还与中国建筑学会的成员进行交流，并在1992年10月2日写信给顾孟潮。顾孟潮收到钱老的信后，实在佩服钱老思考的深入与准确，觉得这件事十分重要，就给建设部侯捷部长写信报告此事。建设部非常感谢钱老的建议，立即对此做出批示，并召开"山水城市"讨论

第七章 晚年辉煌

会，讨论 21 世纪我们该如何规划城市，怎样才能拥有青山绿水般的新城市。这样"山水城市"的理念开始在全国范围内被关注起来。

钱学森对这一问题十分感兴趣，不断地与吴良镛、鲍世行、吴翼等人通信，谈他对"山水城市"的想法。从 1991 年到 2000 年，他写了 156 种书信和文章谈"山水城市"、谈建筑。他曾这样说："我是更雄心勃勃地要把城市筑成人造山水。我的目标也许太高，登上月球了。"他晚年怀抱着这样的壮志，怀着对祖国城市建设的关注，来看我们祖国的城市。1993 年，他发表文章《社会主义中国应该怎样建山水城市》，在其中提出，城市建设要有一个明确的城市功能，然后再进行总体规划；城市的建设要"有中国的文化风格"、要"美"、要"科学地组织市民生活、工作、学习和娱乐"、要将城市建设升级为"山水城市"建设。

古色古香是美的，城市应该留住美，留住古都的风貌。钱学森还思考在城市设计中如何一方面能将古都的风貌留住，另一方面还能让城市加入现代气息。他在 1993 年发表《紫禁城东西侧建小公园》一文。他说紫禁城想要美丽，想要让朝阳普照与晚霞相映，就应该把一些现有民房拆去，然后多栽一些绿色树木与美丽的花卉，这样古都也会更加美丽，留住古都的美，要从整体美出发。

最能引发我们深思的，并且离我们也很近的是"轿车文明"。最让人担忧的是近几年的雾霾，因为它，城市的天空一片惨淡，这大多是汽车尾气造成的。钱学森提倡"轿车文明"，呼吁还城市一片美好风景。在1995年，他发表《社会主义中国完全有可能避开所谓"轿车文明"》。他说轿车在成为生活必需品的同时，又带来污染、噪声等问题。"我们社会主义建设也一定要走这条路吗？"不是的，他提出要避开"轿车文明"，比如可以通过社区内步行上班、信息网络上班等代替开车、坐车上班的方式。在那时他就已经看出了"轿车文明"的弊端，很值得我们深思。

他的"轿车文明"是对我们社会环境的重视和保护环境的体现。从环境保护上来看，钱学森还关注草业、沙产业呢！

钱学森对沙产业的关注最初始于1984年。他在中国农科院科技委员会上做学术讲演时，就提出了第六次产业革命的理念和沙产业的构想。"沙产业"就是依靠太阳能与植物的光合作用进行生产的体系，是钱学森所提及的第六次产业革命（农业生产、林业、草业、海业、沙业）中的一个产业。

自从钱学森进行导弹的试验开始，祖国的沙漠上便有了他行走的足迹。他原本以为广袤的沙漠上将会是一片荒芜，但结果恰恰相反。他经常能在沙漠中发现一些在其他地方没有见到过的动物和植物，这时他才明白沙漠不是真的沙漠，它有它独特的植被，也有它最特殊的功能，而且，要让沙漠不是沙漠，最重要的是你要怎么开发它。我国沙漠、戈壁的面积大约有 16 亿亩，难道我们就要浪费这广阔的土地吗？钱学森在思考这个问题。后来他给出了答案，他认为最好的办法是因地制宜进行开发，于是，他便开始在此方面进行摸索。他有时会在开会时把他的观点阐述给大家听，他说沙产业可以进行农业生产，并且还可以"用 100 年时间来完成这个革命，现在只是开始，沙漠地区可以创造上千亿元的产值"。大家听后，纷纷给予其掌声。因为大家被他的这种对专业之外，于国家、社会有益的事情十分关注的精神所深深折服！

钱学森十分重视沙产业，当他获得"霍英东奖"的奖金后，便把 100 万港币捐给了有关的沙产业部门，并成立了"钱学森沙产业奖学金"。这是第一次用，也是唯一一次用钱学森的名字命名的奖学金，足见钱学森对沙产业的重视。

草业就是利用草原的优势，种树、种草，利用光能，提高生产的产业。钱学森思考，沙业、草业的发展除了利用基础的生物资源外，是否还有别的途径？想来想去，他给出的答案是要用现代科学技术。于是，他在多个报告会上昂扬地宣讲他的观点。钱学森提出的沙产业的标准是"太阳能的转化效益；知识的密集程度；是否与市场接轨；是否保护环境；是否可持续发展"。他的观点被整理成了很多文章，比如1985年的《创建农业型的知识密集产业——农业、林业、草业、海业和沙业》，1992年的《国家杰出贡献科学家钱学森关于草业的论述》等文。为了草业、沙业的更好发展，他还与一些专门负责这些事情的人士通信，表达自己的观点，询问事业发展的进度与其中的问题。在《钱学森书信》中，就有34封是关于沙产业的信，包括他与田纪云副总理、甘肃草原生态研究所所长任继周、中国农科院草原所王明昶等人的有关此方面的通信。他还倡议召开1991年的全国沙产业研讨会，在会上除提出如何使沙漠地区增产之外，他还提出防沙、治沙、固沙工作的重要性。

钱学森还把内蒙古、甘肃、新疆、湖南、湖北等城市作为沙业、草业的重点论述的地区，对它们进行试点工程。其中，钱学森最先考察的是内蒙古自治区额济纳旗所在的巴丹吉林沙漠与内蒙古草原。因此，他将内蒙古作为重点考察的对象。钱学森对内蒙古是情有独钟的。他的首篇还有许多篇关于草业的文章都刊登在内蒙古的刊物上。他肯定的第一个沙产业的龙头企业是内蒙古的东达蒙古王集团。2004 年 11 月，钱学森在家中听了夏日同志（全国政协常委、全国各民族宗教委员会副主任、内蒙古沙产业草产协会会长）的报告后说："内蒙古很有成绩，做出了榜样。你们要把沙产业草产业事业推向全国去！"

钱学森的眼界能拓展到天上与地上的多个领域，他所从事的事业与关注的焦点都是有利于社会发展的。他对沙业、草业的关注成为人们如何进行环境保护的一个关键点与启发点。

荣誉之光

大师就是大师，钱学森不仅在学术上十分精

湛，而且在人品上也是楷模。1982 年钱学森、宋健修订的《工程控制论》是"1977 年至 1981 年全国优秀科技图书大会"获奖书目之一，但是在领奖台上没有看到钱学森的身影。新书出版时，钱学森把参与修订的人员找来，郑重地说："这本书不要署我的名字，我没有做什么工作，应该署上你们的名字，要打破中国传统的论资排辈这种陋习。"其他参与人员坚决不肯，双方互不相让，最终把署名的决定权交给了出版社。钱学森把荣誉和奖励让给年轻人，他总是希望更多的年轻人能走上领奖台，给年轻一代更多的机会。晚年的钱学森更是把希望与机会留给了年轻一代。

他看到祖国更加繁荣富强，开心与欣慰在他心中并存。1984 年 10 月 1 日上午，北京阳光明媚，风和日丽，天安门广场上举行了盛大的阅兵仪式，庆祝中华人民共和国成立 35 周年。这也是中华人民共和国成立后的第 12 次阅兵，与上一次相隔了 25 年。

钱学森同党和国家领导人一起在天安门城楼上观礼。

厚积薄发的"两弹一星"，为改革崛起的中国奠定了雄厚基础，为中国赢得了走向世界大国的战略先机，对此国人有目共睹，毫不怀疑。

战略火箭部队第一次接受祖国和人民的检阅，从幕后走向台前。一枚枚乳白色的中程导弹、远程导弹和洲际导弹，缓缓驶过天安门广场。中国国庆大阅兵成为最具轰动性的新闻，迅速出现在世界各国的电视屏幕与各大报纸上。日本的媒体、法国的媒体、意大利的媒体等都有报道。其中英国《泰晤士报》称："中国今天第一次将他的导弹家族展现在世界面前，他敢于向任何危及中国主权和安全的势力说'不'。"其实，这一切成绩的取得是以钱学森为代表的全体科技工作者的辛勤耕耘、不懈努力的结果，其中的辛苦也只有他们自己知道。

所以，1985 年全国科技进步特等奖的战略导弹项目的得奖者是钱学森。在评奖的时候，钱学森也参与其中。当评奖基本结束时，有人问得奖者怎么没有钱副主任？钱学森确实是不计荣誉的一个那么伟大的科学家。钱学森笑着说："这次评奖是分项目评的，我参加了评奖，所以再获奖不合适，因为我不在这些项目的任何一个项目之中，我在所有这些项目之上，所以不报我的名字是对的。"评奖的各位专家开始纷纷议论起来，有的同意，有的不同意。直到最后张震寰说那就交给国家航天部来评吧。后来的事情钱学森并不知道，只是到了颁奖大会上他才知道。

钱学森面对荣誉是十分有骨气的。1985年，美国总统的科学顾问基沃思访华，他告诉原国家科委主任宋健，麦卡锡时期的美国是欠钱学森一笔债的，所以想请钱学森访美，并授予他国家勋章。如果钱学森不去，那么美国就派科学院院长普雷斯来华，授予其奖章。钱学森当然没有去美国。1985年3月9日，钱学森在给国务院领导的信中说："我本人不宜去美国……事实是我如现在去美国，将'证实'了许多完全错误的东西，这不是我应该做的事。例如，我不是美国政府逼我回国的。早在1935年离开祖国以前，我就向交通大学同学、地下党员戴中孚同志保证学成回到祖国服务。我决定回国是我自己的事，从1949年就做了准备布置……我认为这是大是大非的问题，我不能沉默，历史不容歪曲。"1986年6月，美国南加州华人科学家工程师协会给钱学森授奖，邀他访美，他仍没有去。他就是这样倔强，拥有着一身傲骨。

"不要强调获得这个奖的16个人中，我是唯一的中国人，要强调有一个我们中国的人。"这个奖就是世界理工界最高荣誉奖的"小罗克韦尔奖章"，这"一个我们中国的人"就是钱学森。他在 1989 年获得"小罗克韦尔奖章""世界级科技与工程名人""国际理工研究所名誉成员"的称号。国防科工委和全国科协的领导同志高度赞誉钱学森。钱学森唯一想强调的是"一个我们中国的人"，他是告诉大家，虽然他获得了这个奖项，但他是我们中国的一分子，他只愿默默地努力，希望我们中国的科技更加强盛。1989 年 8 月 7 日下午，江泽民总书记与李鹏总理在中南海紫光阁会见钱学森，并且三个人合影留念。在这里要提及的是，江泽民总书记与钱学森还是交通大学的校友，他们分别毕业于 1947 和 1934 年。

1991 年 10 月，钱学森获得"国家杰出贡献科学家"的荣誉称号。江泽民总书记、李鹏总理、聂荣臻元帅等人都写信祝贺钱学森。其中，江泽民总书记在 10 月 16 日发表讲话：

> 钱学森同志是一位具有高尚的爱国主义精神，坚定不移地为社会主义事业奋斗的战士。他在新中国成立不久，冲破重重阻力，毅然回国参加建设，表现了崇高的民族气节，表现了对新生的社会主义事业的向往和热爱。

他几十年来坚持用马克思主义指导自己的研究工作和社会活动，无论在何种政治风浪下，始终忠于党、忠于人民、忠于祖国的科技事业和社会主义事业。完全可以说，钱学森同志是我国爱国知识分子的典范，他的经历体现了当代中国知识分子追求进步的正确道路。

这一番话，是对钱学森品德的真实写照。

面对大家的祝贺与称赞，钱学森却说了一句"他并不激动"的话，这让在座的各位领导情何以堪？但是我们的科学家钱学森就是这样一位有什么说什么的人。实际上，他的"激动"有另一番内涵。他想要的不是什么荣誉。

到底是怎么回事呢？他在会上陈述了他生平的"三次激动"。他说他今天在这么一个隆重的场合，但是心情并不激动，因为这一次不同于他曾有过的"三次激动"，它们具体是：

第一次激动是他的导师冯·卡门对他说"你现在在学术上已经超过了我"的时候。这时，他的记忆回到了在美国的时光。他说，"我第一次激动的时刻是在1955年，当时我到美国已经20年了。我到美国去，心里只有一个目标，就是要把科学技术学到手，而且要证明我们中国人可以赛过美国人，达到科学技术的高峰，这是我的志向……我一听他这句话，激动极了，心想，我20年奋斗的目标，现在终于实现了，我钱学森在学术上超过了这么一位世界闻名的大权威，为中国人争了气，我激动极了，我居然超过了世界著名空气动力学家，我们中国人真了不起，我终于为祖国争光了！这是我有生以来第一次这么激动"。

第二次激动，他告诉大家是在他成为共产党员那一刻。"在10周年国庆年的时候，我被接纳为中国共产党的党员。这个时候我的心情是非常激动的，我钱学森是一个中国共产党的党员了！我简直激动得睡不着觉。这是我第二次的心情激动。"

最后一次激动，他说是在王任重同志的《史来贺传》的序中说中共中央组织把雷锋、焦裕禄、王进喜、史来贺、钱学森作为40年来群众觉得具有崇高威望的优秀共产党员代表的时候。这时他很激动，"我现在是劳动人民的一分子了，而且与劳动人民最先进的分子连在一起了"[1]。

获得荣誉奖的钱学森是极其平静的，相对于

---

[1]参考1991年10月16日钱学森在被授予"国家杰出贡献科学家"荣誉称号仪式上的讲话。

能够为国争光，为祖国服务来讲，这样的荣誉在他眼里是极其微不足道的。他说："我还要在晚年努力工作，直到生命的最后一刻，我的人生与贡献如何，这留给后人评说。"

他说完后，台下响起了热烈的掌声。大家终于理解了他所说的"不激动"。

钱学森为祖国科技所做出的贡献，人们是有目共睹的，这些荣誉授予他，他是当之无愧的。

1995年9月，江泽民总书记亲笔为西安交通大学题写"钱学森图书馆"。之后各单位、各界人士为西安交大钱学森图书馆的成立尽着自己的努力。1995年10月，香港东风实业有限公司董事长、西安交大校友林瑞华捐人民币12万元；中国运载火箭研究院赠送火箭模型4枚，人民币10万元；中国航天工业总公司第二研究院赠送导弹模型1枚；还有钱学森的论文原稿、照片等也得到其他单位、人士的赠送。

在西安交通大学钱学森图书馆命名仪式上，西安交通大学党委书记、校长蒋德明代钱学森读了他的贺信，信中钱学森讲述了他与图书馆的故事。钱学森在初中时就常去图书馆。初三时，他在午饭后与同学们闲聊，有一位同学说起了自己从图书馆的书里知道了爱因斯坦和列宁。钱学森那时还不知道这两位人物是谁，便请教那位同学。同学告诉他，他们是两位伟大的人物，一位是科学家，一位是社会主义运动的领袖。也就是从那时起，钱学森便对科学家有了一种崇敬之情。之后，他就开始在图书馆借书看了。在交大的红楼（图书馆）里，他读了许多科技书，这为他以后的科学研究奠定了基础。当时他还读了一本英国格洛尔专讲飞机机翼气动力学理论的书，这是他进行科学研究的入门书籍。直到他参加工作进行科学研究的时候，他还是离不开图书馆，离不开书籍。他还是经常会去图书馆翻看最新的研究与成果，以便开阔眼界，拓展思维。他说："可以毫不夸张地说，从一定意义上讲，没有图书馆和资料馆，就没有今天的钱学森。""因此我希望全社会都来重视图书馆事业。"①

钱学森读的书很多，涉猎的内容也很广泛，不仅有科学方面的书籍，他还对文学艺术也很了解，读了不少文学的书。从小时候开始，直至他

①参考钱学森在西安交通大学建校 100 周年、迁校 40 周年校庆和钱学森图书馆揭幕庆典的书面发言。

的晚年，他一直没有间断过读书与学习。这真的是"活到老，学到老"！

钱学森被誉为"中国航天之父""火箭之王"。在 1999 年他还获得"两弹一星功勋奖章"。

2001 年钱学森获得"钱学森星"证书。这一年他还获得第二届"霍英东杰出奖"。当时钱学森已是 90 岁高龄，因为他行动不方便，所以蒋英就代他领奖。领奖前，他笑着对蒋英说："你去领吧，你要钱，我要奖（蒋）！""钱"与"奖"正是他们两个人姓的谐音。虽然钱学森姓钱，但是他并不爱钱。当奖金领回来的时候，他看到奖金是 100 万港币！即便是如此高数额的奖金，他也不为之动容。更令人想不到而且让人敬佩的是，钱学森将全部奖金捐了出来。

2008 年 2 月 17 日，在中央电视台举办的"2007 年度感动中国人物评选"中，钱学森成为"感动中国 2007 年度人物"。

98 岁高龄的钱学森还获得"终身成就最高荣誉大奖"。那是在 2009 年 3 月，凤凰卫视在北京大学百周年纪念讲堂举行"世界因你而美丽——2008 影响世界华人盛典"上钱学森获得的奖项。同年 9 月 25 日，钱学森入选以"中国因你而骄傲，世

219

界为你而感动"为主题的"新中国成立 60 周年感动中国 60 人"。

　　钱学森为国家科技所付出的汗水换来了这些响当当的荣誉。但是他每次获奖时都那样低调，他在晚年更是奉行"不题词，不好为人序；不接受采访，不出传记；不出席各种应景活动；不担任顾问、名誉主席"为准则的生活。

　　在这些荣誉中，值得一提的是钱学森与中国四代领导人的见面。1956 年 2 月 1 日，毛主席宴请全国政协委员时，钱学森由第 37 桌调到了毛主席旁边的座位，两人在谈笑风生中合影，成为一个重要的历史时刻。那时的钱学森正值壮年，也正是从那时开始，他真正开始了为中国的建设而奋斗不息的日子。30 多年后的他，在 1989 年接受邓小平的接见，钱学森在笑，一张和蔼的脸上露出开怀的笑容。时隔 7 年之后，江泽民总书记见到钱学森时，钱学森已经只能坐在轮椅上了。但是他笑得还是那样灿烂，并与总书记谈了很多。2008 年 1 月 19 日，胡锦涛总书记去看望 97 岁的钱学森。那时的钱学森依然面带微笑，他坐在床上，听觉差了些，也瘦了些，但还能与胡锦涛总书记交谈。

这些是一个伟大的科学家很重很重的荣誉。但是在钱学森看来，为人民服务，为中国服务才是最重要的荣誉。他的精神值得我们永远铭记。

"钱学森之问"

2005年7月，温家宝总理去医院看望钱学森。温家宝总理告诉钱学森我国科技领域发展的现状以及美好的未来。那时钱学森这样说："您说的我都同意。但还缺一个。""我要补充一个教育问题，培养具有创新能力的人才问题。一个有科学创新能力的人不但要有科学知识，还要有文化艺术修养。没有这些是不行的。小时候，我父亲就是这样对我进行教育和培养的，他让我学理科，同时又送我去学绘画和音乐。就是把科学和文化艺术结合起来。我觉得艺术上的修养对我后来的科学工作很重要，它开拓科学创新思维。现在，我要宣传这个观点。"[①]

病榻上的钱学森，当时已是94岁高龄了。他对中国那颗赤诚的心绝对是日月可鉴的。他在把

————————

① 李斌：《亲切的交谈——温家宝看望季羡林、钱学森侧记》，《人民日报》，2005年7月31日版。

科学知识全部贡献给国家后，继续思考自己还能做些什么的问题。就算在病中，他还指出了我们中国教育的弊端。

钱学森那时虽然身体不好，但是他的思维还很活跃。他用微弱的声音说："现在中国没有完全发展起来，一个重要原因是没有一所大学能够按照培养科学发展技术发明创造人才的模式去办学，没有自己独特的创新的东西，老是'冒'不出杰出人才。这是很大的问题。"① 这也就是"钱学森之问"：现在的学校为什么培养不出优秀的人才？答案是缺少文学与科技结合、全面发展的人。

温家宝总理听完钱学森的话后，深受感动。他感到一个科技伟人对祖国的赤诚，他很受启发。他告诉钱学森好好养身体，党和国家领导人都在关心他。他带着钱老指出的问题与对中国教育的期待，以及对钱老健康的祈祷离开。

两年后，温家宝总理再来看望钱学森。那是2007年8月3日。那时的钱学森已经96岁了。

---

①李斌：《亲切的交谈——温家宝看望季羡林、钱学森侧记》，《人民日报》，2005年7月31日版。

温家宝总理知道钱学森特别想知道他们上次谈论的内容到底进行得怎样了，温家宝总理告诉钱学森他每去一个学校，总会告诉那里的老师、学生要科学和文学艺术结合，学校也在朝这个方向努力。钱学森听后，心里像放下一块石头一样轻松。然后他继续告诉温家宝总理："处理好科学和艺术的关系，就能够创新，中国人就一定能赛过外国人。"直到暮年，钱学森还是抱有这么一份对祖国的爱和一份希望祖国繁荣富强的愿望。温家宝总理承诺钱学森要在教育上保持科学和文艺的结合，重视教学的综合性，培养复合型的人才。那时的钱学森心里对祖国充满了无限期待。

钱学森自小受的教育便是专业学习与兴趣的结合，他除了是位伟大的科学家之外，在音乐、画画、文学、环境保护、教育等领域都有所涉猎。在他的书信里，我们还能看到他也是一位资深的哲学研究者。钱学森给我们的不仅仅是他那颗爱国的心，更是他如何一步步去塑造更好的自己，如何去超越未知的自己的启示。

怎样培养出优秀的人才？钱学森的回答是可以利用"大成智慧教育"。"大成智慧"是钱学森在 1992 年与王寿云、戴汝为、钱学敏、涂元季等人的谈话中提出的，就是将人的知识、智慧、思维还有各种资料等融合为一体的智慧。"大成智慧"有量智和性智。性智是文艺创作、文艺理论、美学等文艺活动，这之外的叫作量智。两种智慧的融合就是"大成智慧"。也就是说人的大脑应该接受各方面的知识储备。钱学森认为高中加大学（5年）是完成"大成智慧"学习的阶段。他的"大成智慧"在促进学生的学习上是非常有帮助的。这启发我们教育应启用"大成智慧教育"模式。

"大成智慧"的完成需要我们凭借个人的努力，还要懂得把自我修炼成一位全面发展的好学生。同时这也需要学校、科研单位与政策等的保障与鼓励。"钱学森之问"引起了社会的广泛关注，尤其是在教育界产生了轰鸣之力，教育界人士纷纷撰文讨论学校的教育模式、学校人才的培养等问题。针对这一情况，国家也提出一系列的改进措施。比如在2009年，教育部联合中组部、财政部启动了"基础学科拔尖学生培养计划"。这是一个以数学、物理、化学、生物、计算机5个基础学科为试点的培养特别优秀学生的计划。国家选出优秀的教师，提供一流的师资，还有奖学金等配套准备。即便如此，学生们仍然需要多读书，广读书，培养自己多方面的兴趣。一些单位也纷纷开设"大成智慧"的课程。比如西安交通大学的"钱学森实验班"正是这样的教学模式。它在 2007 年创办，招收工科学生，学校给他们单独编班，独立授课，既有基础课程的教育，又讲授专业课程。此班实行本硕连读，前 3 年不分专业集中授课的模式，其特色就是实现科学素养和艺术修养的合力培养。学生们不但要上工科的基础课，还要学习人文社会科学的哲学、社会学、音乐、美术、文学、建筑学和经济管理等课程。"钱学森之问"发人深省。

科学巨星陨落

2009 年 10 月 31 日，钱学森逝世了……

10 月 28 日，钱学森突然呕吐起来，这吓坏了负责他身体健康的医生。平时是赵聚春医生负责钱学森的健康，这几天他有事，就把这个任务交给陈建舟医生临时负责。陈建舟医生看到钱学森呕吐后，赶紧给他开药。那时，一家人都很担心，提着心来照顾钱学森，盼着他赶紧好起来。可是到了 29 日，钱学森依然呕吐。于是陈建舟医生建议钱学森必须住院。很快，钱永刚便带着钱学森入住301医院。到医院之后，他被诊断为严重的肺部感染。那时的钱学森已经戴上了面罩，用呼吸机吸氧。30日的时候，钱学森从肺功能衰竭演变到肾脏功能的衰竭。虽然医生们竭尽全力，但是仍然没有看到生的希望。就这样，钱学森在31日平静地离去了。让人佩服的是，就在入院的前几个小时，钱学森还在看书、读报。他终生都在与知识打交道，学到了老、学到了离世之前。

钱学森去世3个小时后，新华社发布了这条新闻：

　　"我国科学巨星钱学森今天在北京逝世，享年98岁。"

瞬时，悲痛之声传遍祖国南北。

在北京中国航天大院内钱学森的家中，钱学森生前所住的卧室，11月1日设起了灵堂，而这间卧室却只有10多平方米！我们伟大的科学家的生活如此俭朴！

钱学森的领导、同事、朋友以及各界人士都前来吊唁。他们神色凝重地走进灵堂，送来花圈，向着钱学森的遗像深深地鞠躬、告别。众多北京市民也来这里吊唁，他那浙江杭州的老家也挤满了人。小朋友们也是悲痛的，40多位"钱学森班"的代表来吊唁钱学森。他们排着整齐的队伍，向钱学森的遗像鞠躬，他们都发誓要好好学习，将来也像钱爷爷那样报效祖国。太多太多的人前来吊唁，花圈都摆到了灵堂外面的墙上。钱学森的灵堂就在这么多人的吊唁中，连续设了6天。天上的雪飘飘洒洒，洒给人间一片洁白。附和着白雪的，还有它冰冷的温度伴着人们失去了一位科学巨人的悲痛。

11月6日上午，钱学森追悼会在北京八宝山殡仪馆举行。胡锦涛、江泽民、吴邦国、温家宝、贾庆林、李长春、习近平、李克强、贺国强等党和国家领导人前来送别。胡锦涛总书记在哀乐声中缓步走到钱老的遗体前，向他三鞠躬，并跟钱学森的家属一一握手，胡锦涛总书记与蒋英握手时，嘱咐蒋英要保重身体⋯⋯

温家宝总理参加完钱学森的追悼会后，直接从八宝山赶往北京首都机场，乘坐9点钟航班飞往埃及。在飞机上，温家宝面对记者的采访时说，他的心情特别不好，并深情地回忆着他与钱老的交往……

　　钱学森的灵柩被抬上车了，蒋英满含泪水，向钱学森深情挥手告别。蒋英献给钱学森的花圈上写着"学森安心走好"。是啊，蒋英告诉自己要坚强。

　　众多民众前来送别钱老，您走好！

　　追悼会上没有悼词，只有新华社发放的《钱学森生平》。[①] 生平赞钱学森是"中国共产党的优秀党员，忠诚的共产主义战士，享誉海内外的杰出科学家和中国航天事业的奠基人"。生平还用11个第一，概括了钱学森为祖国航天和国防事业做出的卓越贡献：

　　　　——1956年，参与筹备组建中国导弹航空科学研究领导机构航空工业委员会，受命负责组建中国第一个火箭、导弹研究机构——国防部第五研究院，并兼任院长。

　　　　——1956年，设立空气动力研究室，组建了中国第一个空气动力学专业研究机构。

　　　　——1960年2月，指导设计的中国第一枚

---

　　①叶永烈：《钱学森传》，上海交通大学出版社，2010年版，第445—446页。

液体探空火箭发射成功。

　　—1960 年 11 月，协助聂荣臻成功组织了中国第一枚近程地地导弹发射试验。

　　—1964 年 6 月，作为发射场最高技术负责人，同现场总指挥张爱萍一起组织指挥了中国第一枚改进后的中近程地地导弹飞行试验。

　　—1966 年 10 月，作为技术总负责人，协助聂荣臻组织实施了中国首次导弹与原子弹"两弹结合"试验。

　　—1970 年 4 月，牵头组织实施了中国第一颗人造地球卫星发射任务。

　　—1971 年 3 月，组织完成了"实践一号"卫星发射试验，首次获得中国空间环境探测数据，为中国研制应用卫星、通信卫星积累了经验。

　　—1972 年至 1976 年，领导设计制造了中国第一艘核动力潜艇。

　　—1972 年至 1976 年，指挥成功发射了中国第一颗返回式卫星。

　　—1980 年 5 月、1982 年 10 月、1984 年 4 月，参与组织领导了中国洲际导弹第一次全程飞行、潜艇水下发射导弹和地球静止轨道试验通信卫星发射任务。

看到这 11 个第一，我们沉默了，也只有几个字可以形容我们的心情，那就是"向钱学森致敬"！

钱学森以他满腔的爱国情与过硬的本领铸就了国之重器，让祖国的科技事业跨上了一个又一个台阶。他是当之无愧的"中国航天之父""火箭之王"。他更是以艰苦朴素的作风、拼搏刻苦的学习精神、巨大的爱国热情深深影响了我们每一代人。他携带着无穷的拼搏精神走上了科学研究之路，又由此展开对人的全面研究，人体科学、人类知识体系、山水草原、人类教育等。钱学森是值得我们尊敬，需要我们学习的伟大科学家！